日本史のタブーに挑んだ男

鹿島曻――その業績と生涯

Yoko Matsushige
松重 楊江

たま出版

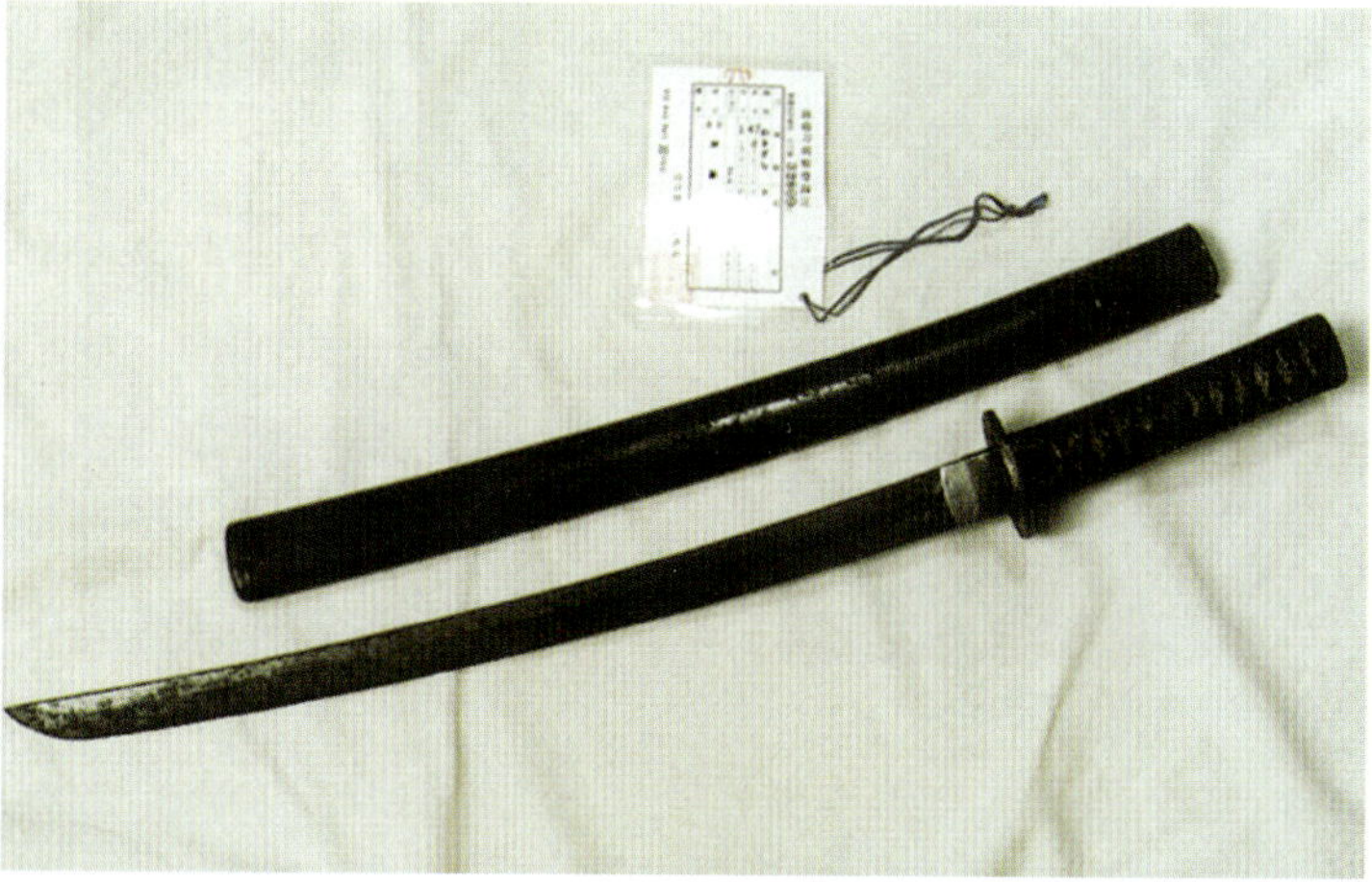

伊藤博文の忍者刀。調べれば孝明天皇の血痕も出てくるかもしれない。下は登録証（第二章参照）。

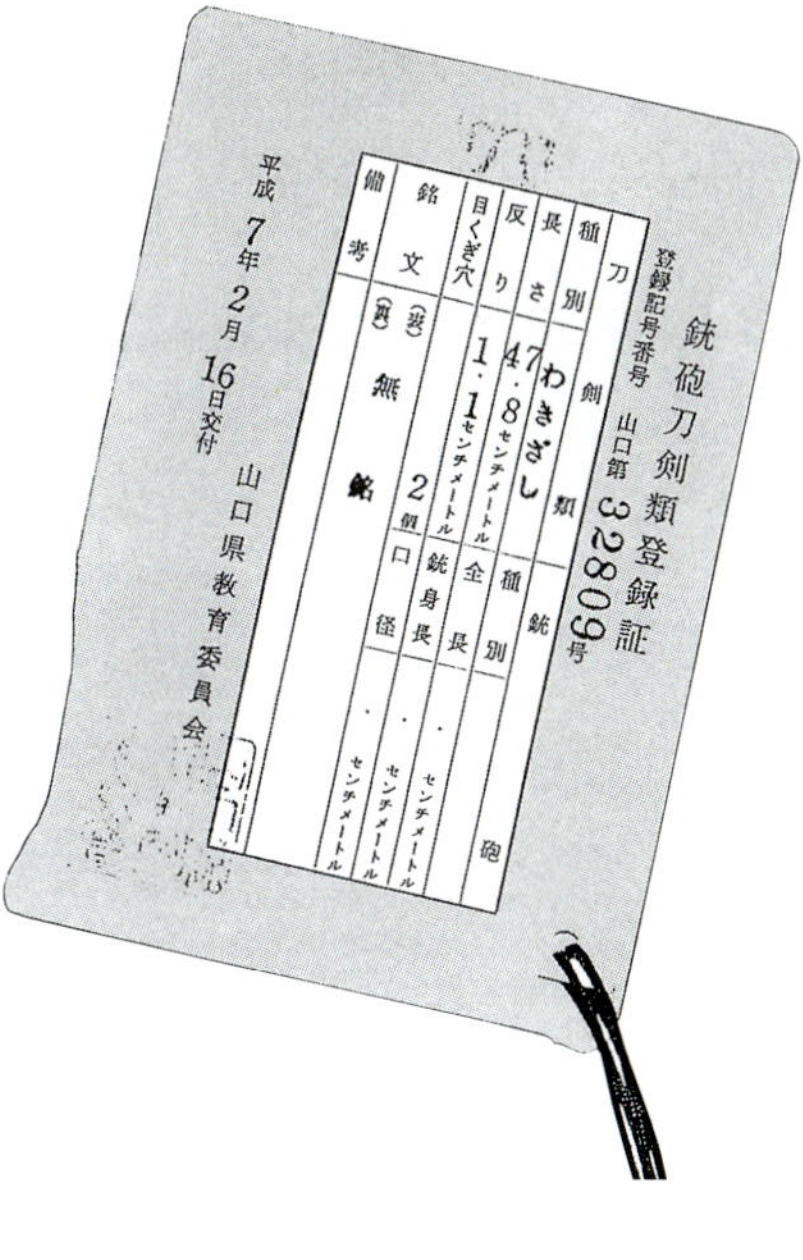

銃砲刀剣類登録証

登録記号番号　山口第　32809号

刀剣類		銃砲	
種別	わきざし	種別	
長さ	47.8センチメートル	全長	.センチメートル
反り	1.1センチメートル	銃身長	.センチメートル
目くぎ穴	2個	口径	.センチメートル
銘文	(表)無銘 (裏)		
備考			

平成7年2月16日交付　山口県教育委員会

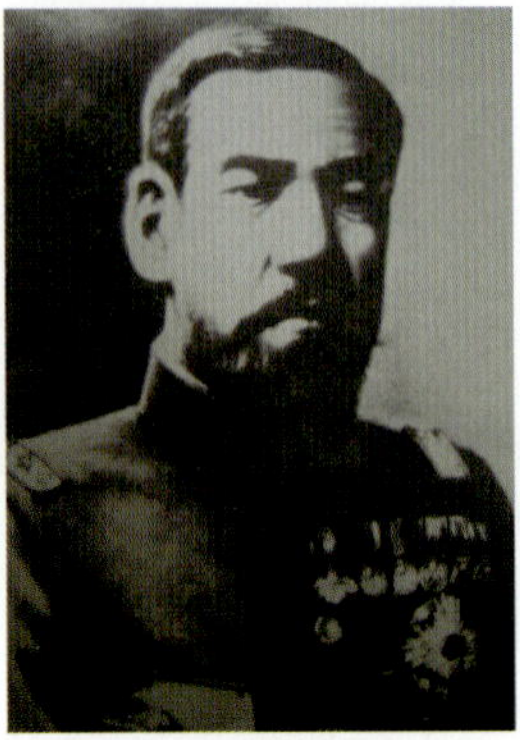

明治天皇（大室寅之祐）

孝明天皇

大室近祐氏（第二章参照）

上段

- ①**高杉晋作**
- ②吉井友実（幸輔）
- ③五代友厚
- ④鮫島誠蔵（尚信）
- ⑤中村宗見
- ⑥別府晋介
- ⑦西郷従道
- ⑧**西郷隆盛**
- ⑨**大久保利通**
- ⑩小松帯刀
- ⑪村田新八
- ⑫**伊藤博文**
- ⑬江藤新平
- ⑭中島永元
- ⑮中野健明
- ⑯**勝海舟**

下段

- ①横井太平
- ②横井小楠
- ③横井左平太
- ④日下部太郎
- ⑤**坂本竜馬**
- ⑥陸奥宗光
- ⑦岩倉具定
- ⑧岡本健三郎
- ⑨副島種臣
- ⑩フルベッキ博士
- ⑪博士の子
- ⑫岩倉具経
- ⑬江副廉蔵
- ⑭**大隈重信**
- ⑮中岡慎太郎
- ⑯**桂小五郎**
- ⑰大村益次郎

※この時期にこれだけの志士が集まることが不自然という理由で、この写真に対する評価は正しくないという説もあるが、それは、明治維新の実態（真実）を知らない者か、伏せたい者等の言い訳や言い分であろう（著者）。

フルベッキ博士と“玉”大室寅之祐を囲む志士たちとされる写真
（慶應元年　長崎の上野彦馬写真館にて）

日本史のタブーに挑んだ男

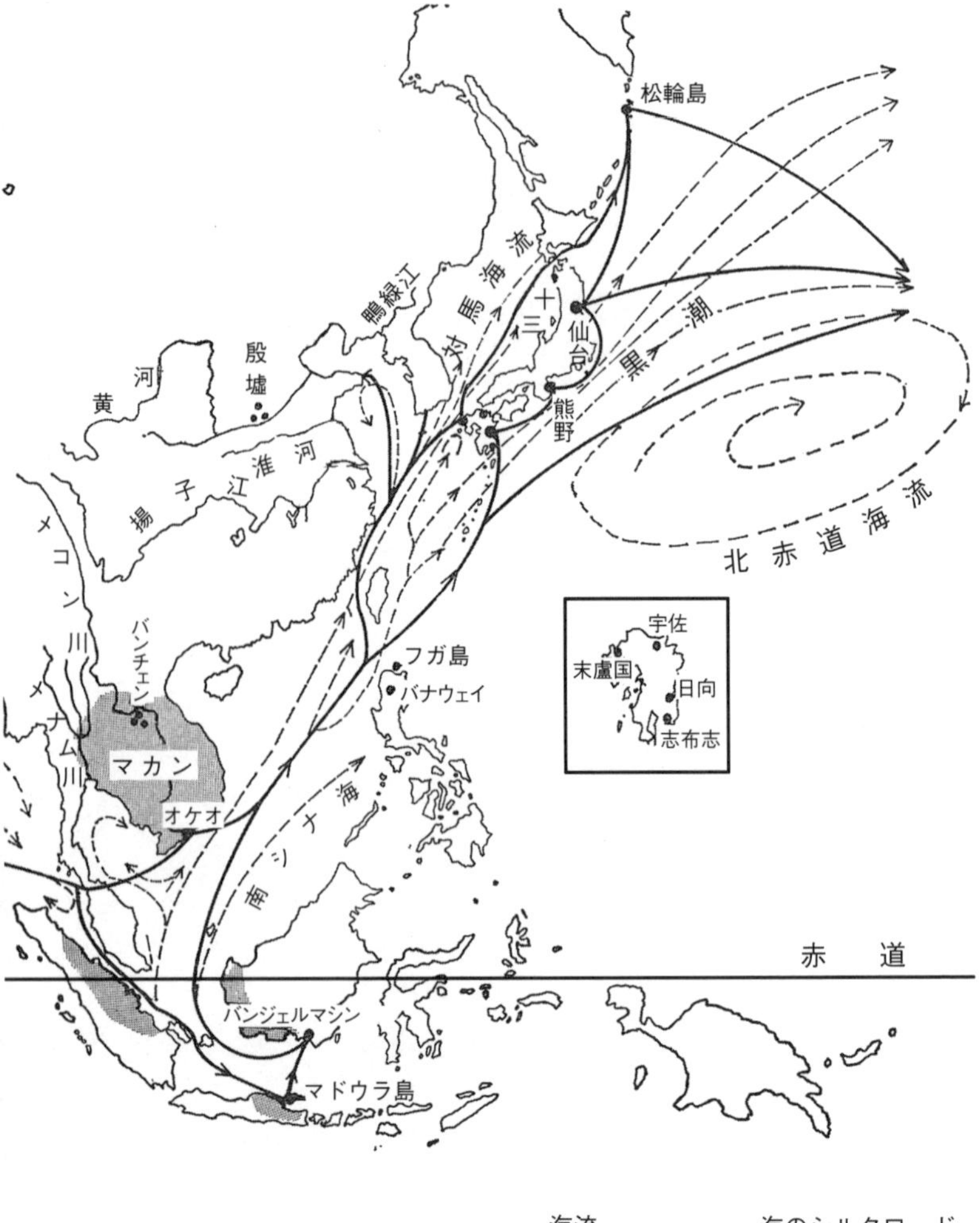
松輪島
対馬海流
鴨緑江
殷墟
黄河
淮河
揚子江
メコン川
メナム川
バンチェン
マカン
オケオ
十三
仙台
熊野
黒潮
北赤道海流
宇佐
末盧国
日向
志布志
フガ島
バナウェイ
南シナ海
赤道
バンジェルマシン
マドウラ島
海流
海のシルクロード

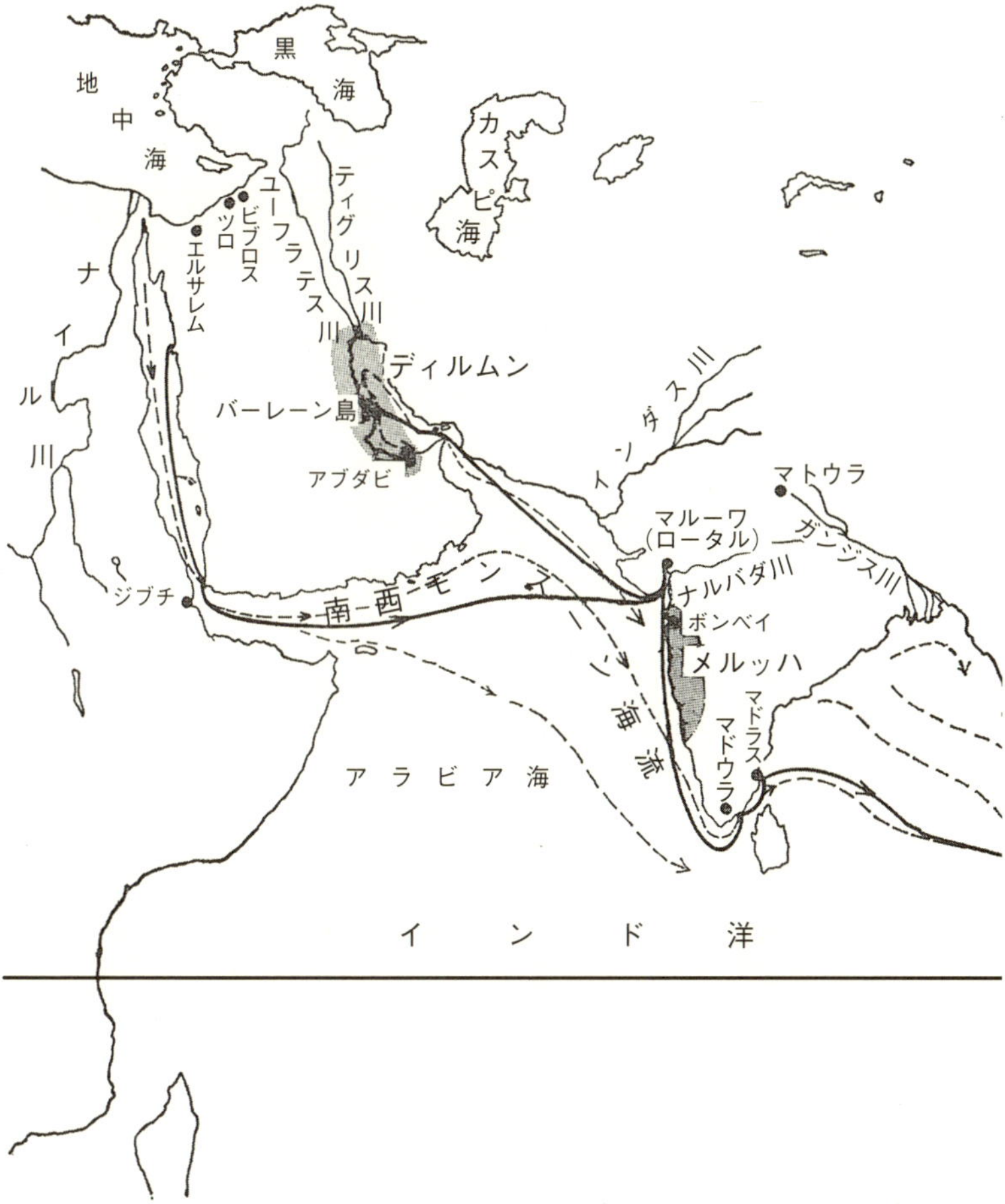

海のシルクロード（『バンチェン／倭人のルーツ』より）

はじめに

私の住む山口県柳井市《やないし》は、かつて長門国《ながとのくに》（または大島国《おおしまのくに》）の中心に位置し、ひとつの文化圏をかたちづくっていた。ここには、縄文時代から江戸時代中期の寛文年間にかけて柳井水道（または唐戸《からと》水道）と呼ばれる細長い海峡があり、大畠の瀬戸（西の鳴門）を通過する瀬戸内海交通の幹線水路の役目を果たしていた。昔の帆船時代には、この柳井水道から周防《すおう》灘を経て国東《くにさき》半島へ渡るのが九州への最短コースであったから、日本の歴史上重要な役割を果たしていたことは間違いない。

そのためであろうか、山口県最大の石室《いしむろ》を持つ後井《ごい》古墳（田布施町）、県下最大規模の白鳥古墳（平生《ひらお》町）、若い女王の人骨が出土した神華山《じんがやま》古墳（平生町）、日本最大の青銅鏡が出土した茶臼山《ちゃうすやま》古墳（柳井市）などがあり、さらに七世紀築城と推定される朝鮮式山城《やましろ》の石城山《いわきさん》城《じょう》（大和町）など、多くの古代遺跡に恵まれている。

なかでも、山口県熊毛郡田布施《たぶせ》町の麻郷《おごう》村麻里府《まりふ》は、奈良時代からその地名を冠した万葉歌が数多く詠まれた名所として知られ、南北朝のころまでは朝廷直属の鎮守府が置かれていた。

その麻郷村麻里府に、南北朝のころからつづく大室《おおむろ》天皇家がある。当主は大室近祐《ちかすけ》氏（故人・明治三八年一二月一日生まれ）で、生前、私は彼と親しく交際していた。

この大室近祐氏を訪ねるため、鹿島昇が初めて私のもとを訪れたのは、昭和六二年（一九八七年）一〇月のことである。

鹿島昇とのつきあいは、爾来、平成一三年（二〇〇一年）に彼が亡くなるまでずっと続いた。

鹿島昇は、大室近祐氏と知己を得た後、自ら経営する新国民社から『裏切られた三人の天皇』を出版し、近祐氏の祖父（庄吉）の兄であった寅之祐《とらのすけ》（当時一七歳）が、明治天皇へと変身した次第を詳しく公表した。

つづいて、彼は『明治維新の生贄《いけにえ》』を出版し、明治天皇すり替え説の論拠を深めていった。その『明治維新の生贄』には、大室寅之祐が明治天皇へと変身した経緯が次のように生々しく描かれている。

風雲急を告げる慶応三年（一八六七年）三月末、品川弥二郎・中岡慎太郎・田中顕助（光顕）らは、伊藤俊輔（博文）率いる四〇名の力士隊とともに、萩の杉家（吉田松陰の実家）

に預けられていた大室寅之祐を連れ出し、玖珂郡高森（周東町）通化寺の遊撃隊屯所を経由して上洛を始め、四月一三日、京都の薩摩屋敷へ入った。

いっぽう、新天皇になったばかりの睦仁《むつひと》親王（当時一六歳）は、長州忍者の操るサルに手を引っ掛かれ、その傷に宮中御典薬・伊良子光順が毒薬入りの膏薬を貼ったため、もともと病弱だった睦仁親王は、七月八日にあえなく亡くなった。

七月一〇日早朝、睦仁親王の遺体は「鬼子母神の菩薩像」に仕立てられ、これを母の中山慶子《よしこ》が修理に出すと称して五日間の宿下がりをもらい、実家の大納言・中山忠能《ただよし》邸へと運んだ。それを、天皇家の葬式を扱う八瀬《やせ》の童子らが桜の木の根元に埋めて始末したという。

その後、薩摩屋敷で待機していた「玉《ぎょく》」大室寅之祐は、厚化粧をして変身し、ただちに宮中に入って「身代わり天皇」となり、御所侍や女官たちを納得させていった。

これら一連の宮中クーデターは、岩倉具視《ともみ》派の公卿《くぎょう》たちによる十分な根回しがあって成功したが、「玉」本人の体格と健康の違いは隠しようもなかったであろう。

このあと、「玉」に帝王教育を施すため、上忍宰相・木戸孝允《たかよし》は、佐賀藩主・鍋島閑叟《かんそう》（斉《なり》正《まさ》）にその教育係を依頼した。

九月一三日、「玉」は倒幕の密勅に「睦仁」として署名すると、翌一四日、徳川慶喜《よしのぶ》が自ら朝廷に上って奏上した「大政奉還」の願いを、百官居並ぶ中、何食わぬ顔で御簾《みす》の内から受理した。

これによって政局は一挙に流動化し、維新回天の事業が進められた。……

こうしてみると、鹿島曻が打ち立てた「鹿島史観」は、我々が従来教科書で習ってきた歴史とはまったく違ったものであることがわかる。そしてそれらの多くは、為政者にとって都合が悪いためにタブーとして葬られてきたことがわかるのである。

鹿島曻の最大の業績は、そうした歴史のタブーに敢然と、勇気を持って立ち向かったところにあるといえよう。

超古代、古代、中世、近世、現代と続いてきた歴史の真実は、ひとつである。熱心に研究を続けていけば、必ずや歴史の真実は明らかになるのである。

私はこのようにして「鹿島史学」を学んできた。

読者の方々が、鹿島曻がその半生を注ぎ込んで打ち立てた業績を知ることによって、「真実を学ぶ楽しさ」を味わっていただければ、筆者としてこれに勝る喜びはない。

日本史のタブーに挑んだ男●目次

180ページイラスト　渡部健

第一章

昭和天皇の戦争責任論は、いまや鹿島史観のみとなった

鹿島の「天皇論」が、いま異様な光を放っている

昭和天皇の「謝罪詔書」掲載と同時に、日本共産党が天皇制を容認した

平成一五年六月、『月刊文藝春秋』（7月号）に田島道治・宮内府長官の文書として、昭和天皇の国民への謝罪詔書の草稿が掲載された。タイトルは、そのものズバリの「朕ノ不徳ナル、深ク天下ニ愧《ハ》ヅ」である。

「退位問題と戦争責任追及に揺れる昭和二三年、密かにしたためられた一通の文書。そこには自らを責め苛み、日本国民に謝罪する昭和天皇の言葉が記されていた」（宣伝文より）

ということで、これはたしかにかなりの衝撃度であった。

その同じ六月の二一日に日本共産党は、天皇制の容認に踏み切った。党本部で第七回中央委員会総会を開き、党の政治路線や理念を盛り込んだ綱領の改定案を発表したのだが、そのなかで「資本主義の枠内で可能な民主的改革」による民主主義革命を目指すべきだとし、事実上、日本の天皇制を容認したのである。

新たな綱領は、中央委員会総会の議論を経て、平成一五年一一月に行われる第二三回党大会で採択される予定だが、不破哲三議長、志位和夫委員長が進めてきた柔軟路線が、ついに綱領上でも明確に位置づけられることになったのだ。

この日本共産党による、事実上の天皇制の容認と、『月刊文藝春秋』（7月号）の「朕ノ不徳ナル、深ク天下ニ愧ヅ」は、けっして偶然ではあるまい。

日本共産党は、公党としては唯一の反天皇勢力であった。かつてはコミンテルン（国際共産主義運動のための第三インターナショナル）の「三二年テーゼ」（日本の情勢と日本共産党の任務に関するテーゼ）にしたがって、公然と「天皇制打倒、寄生地主制の廃止などを主要任務とするブルジョア民主主義革命」を目指していたのだ。

その日本共産党すらもが、事実上、天皇制を容認するにおよんだということは、それくらいに「日本の空気」が、天皇制支持、天皇制容認へと変わってきたということである。だからこそ、『月刊文藝春秋』は「朕ノ不徳ナル、深ク天下ニ愧ヅ」などというタイトルの一文を掲載するにおよんだと見ることができよう。

鹿島の「天皇論」で、最も有名なのは「明治天皇のすり替え説」だが…

天皇制をめぐる、二つの大きな動きがあった平成一五年六月というのは、アメリカによるイラク攻撃が終わり（戦争は終わったが、小規模な戦闘は継続）、北朝鮮による日本人拉致が明確になり、送金ルートの遮断、密輸出入への措置などが講じられているといった状況である。また、イラク復興支援特別措置法案で自衛隊派遣が可能と定めている「非戦闘地域」について、与野党間で活発に議論されていたりもしている。

つまり、戦争というものが、かなり身近になってきていて、しかも軍事同盟国であるアメリカが予想外の善戦により短期間で勝利を収めたという、ちょっとした戦勝気分を味わったりもしている時期なのである。

北朝鮮に対する「懲罰」意識のようなものも出てき始めている。かつて日比谷公会堂で、英米膺懲《ようちょう》（外敵をうちはらい懲らしめること）の大会が連日開催されるというようなこともあったが、当時に少し「空気」が似てきているのだ。

そんな空気のなかで、「昭和天皇の戦争責任論」が、いつのまにか蒸発してしまったわけだが、逆に言うならば「昭和天皇の戦争責任論」は、その程度のものであったということでもある。要はほとんどの「昭和天皇の戦争責任論」は、時代の流れ、戦争というものに対する感じやイメージが少しちがってくれれば、もうそれだけで蒸発してしまう程度のものだったということである。

だからこそ、鹿島昇による「天皇論」が、いま異様な光を放っているのだ。鹿島の近世における天皇論で最も有名なのは、「明治天皇のすり替え説」である。明治維新とは、それまでの北朝の天皇を、南朝の天皇にすり替えるという〝革命〟であり、その南朝の天皇を代々匿《かくま》ってきたのが長州藩であった。

そして、そのことを知った西郷隆盛のはたらきによって、薩長軍事同盟が成立するのだが、なぜ西郷がそのようなことをしたかというと、それは西郷が南朝方の菊池家の血を引いていたからである。

薩摩藩は、蛤《はまぐり》御門の変（一八六四）で、幕府に味方して会津藩主の京都守護職・松平容保《かたもり》とともに長州藩を討っている。その薩摩藩が、第二次長州征伐においては、長州藩とともに幕府軍と戦っているのである。幕府軍は、あろうことか薩長同盟軍と戦うことになり、その戦いに敗れて決定的に権威を失墜させ、明治維新という大逆転への扉を開くことになった。

――というわけだが、そのあたりのことは、第二章で詳しく述べる。

昭和天皇は「東洋王道」を捨て、「西洋覇道の犬」を選んだ

関東軍が満州制圧を狙って張作霖を爆殺した（＝満州某重大事件）

鹿島の「明治天皇のすり替え説」の影になりがちだが、「昭和天皇の戦争責任論」は鹿島史観の基本と深く関連するきわめて重要な主張である。まとまった本としては『昭和天皇の謎』（新国民社、一九九四年六月刊）があり、私はそのなかで具体的な点と、本質的な点を、それぞれ一つずつとりあげたい。

具体的な点は、張作霖《ちょうさくりん》（北京の大元帥）の爆殺についての昭和天皇の責任である。それに先立ち、この爆殺事件のあらましを見ておこう。

一九二八年五月、国民革命軍（中国赤軍から改編。総司令は蒋介石）の北伐が北京に迫り、奉天軍（日本の支援で満州を統一したが、その後、日本の意に反して北京政権を掌握）の敗色が濃厚となったので、関東軍は張作霖を下野させて新政権を樹立し、中国の東三省と満州を中国から独立させようとした。

しかし、田中義一首相は、張作霖に満州に引き揚げるよう勧告する方針をとり、関東軍に武力

行使の承認をあたえなかった。

そんななかで、張作霖は国民革命軍との抗戦を断念し、六月三日に特別列車で北京を退去し、奉天に向かった。

それを知った関東軍高級参謀の河本大作大佐は、「これで、張作霖が奉天に行ってしまえば、武力による満州制圧の好機が去ってしまう」と判断。張作霖を謀殺して武力発動のきっかけをつくろうと、独立守備隊の東宮鉄男《とうみやかねお》大尉に指揮をとらせて、瀋陽《しんよう》駅のすこし手前の満鉄線の陸橋付近に爆薬をしかけ、張作霖の特別列車を爆破した。

さらに東宮大尉は、「国民革命軍の密書」（もちろん偽物）を持たせた中国人苦力《クーリー》二名を殺害し、彼らの犯行であるかのように装った。

張作霖爆殺の報を受けた斎藤恒関東軍参謀長らは、事前に河本大佐から、「張作霖爆殺を機に、満州を武力制圧する」という計画を知らされていなかったために、関東軍を出動させなかった。そのことにより、張作霖爆殺には成功したものの、満州を武力制圧するという河本大佐の計画は不発に終わったのだ。

父・張作霖のあとを継いだ張学良は、北伐を完了した蔣介石と和解し、国民党政府に合流。日本国内では事件の真相は秘密とされたが、野党・民政党の追及により、「満州某重大事件」というかたちではあったが、問題となった。

田中義一首相は、元老・西園寺公望《さいおんじきんもち》らの要求で真相を公表するつもりであったが、陸軍の強い反対にあい、関係者の行政処分にとどめざるをえず、天皇から食言（一度口に出した言葉を、また口に入れる意。前に言ったことと違うことを言う、約束をたがえること）を叱責され、一九二七年七月に内閣を総辞職し、その二ヶ月後の九月に急死した。

そのようなかたちで、張作霖爆殺＝満州某重大事件がうやむやにされたことが、関東軍幕僚（軍司令官に直属する参謀、副官）に自信を与える結果となり、満州事変の謀略を促す一因となったといわれている。

以上が、張作霖爆殺＝満州某重大事件の一般的な概要であり、わが国ではいまもだいたいのものが、基本的にはこの線にしたがって記され、描かれている。

帝国陸海軍のトップは、名実ともに天皇であった

張作霖爆殺の収拾策について、昭和天皇が田中義一首相に「食言」であると叱責したことについては、昭和天皇自身、『昭和天皇独白録』のなかで、次のように記している。

「この事件の首謀者は河本大作大佐である。田中総理は最初私に対し、この事件ははなはだ遺憾なことで、たとえ自称にせよ、一地方の主権者を爆死せしめたのであるから、河本を処罰し、支那に対しては遺憾の意を表するつもりである、ということであった。……田中は再び私のところにやって来て、この問題をうやむやのなかに葬りさりたいということであった。それでは前言とははなはだ相違したことになるから、私は田中に対し、それでは前と話がちがうではないか、辞表を出してはどうかと強い語気でいった」

（この部分『昭和天皇の謎』より引用。鹿島が現代かなづかいに直している）

鹿島は、この天皇の物の言い方はおかしいと考えた。なぜならば、陸軍の規定によると、国外に駐屯する軍隊を統括するのは総理大臣でも陸軍大臣でもなく、参謀総長であるからである。では、その参謀総長は、自分の裁量でいかようにも軍隊を動かせるのかというと、それはできない。

大日本帝国憲法の第一一条には「天皇は陸海軍を統帥する」とあり、帝国陸海軍のトップは名実ともに天皇なのである。天皇から命ぜられて軍隊を動かすのが、参謀総長をトップとする陸軍参謀本部であり、軍令部総長をトップとする海軍軍令部であった。

このあたりのことを、もう少し詳しく説明すると、まず陸軍のなかには、陸軍省と参謀本部の二つがあり、陸軍省のトップは陸軍大臣で、参謀本部のトップは参謀総長であった。海軍のなかにも、海軍省と軍令部の二つがあり、海軍省のトップは海軍大臣、軍令部のトップは軍令部総長であった。

東條英機が出てきてややこしくなったのは、陸軍大臣であった彼が、総理にもなり、陸軍参謀総長までをも兼任したからである。

国務と統帥が、天皇の国家統治の二つの大権であった

参謀本部と大本営の関係、陸海軍省と参謀本部・軍令部の関係は、次のようになっている。

参謀本部…平時における国防用兵の府（常設組織）
大本営……国家非常（有事）の際に臨機設置される

大本営が設置されたとき、
参謀本部………大本営陸軍部の主体となる

参謀総長……大本営陸軍部幕僚長となる
軍令部…………大本営海軍部の主体となる
軍令部総長…大本営海軍部幕僚長となる

陸軍…陸軍省＋参謀本部（昭和一九年以降、東條陸軍大臣が参謀総長を兼ねる）
海軍…海軍省＋軍令部（昭和一九年以降、嶋田海軍大臣が軍令部総長を兼ねる）

これらの軍の組織と天皇との関係については、憲法で輔弼《ほひつ》と輔翼《ほよく》という言葉を使って規定されていた。当時の日本の国家の形は、明治憲法に基づく立憲君主国であり、天皇が国家の統治権を総攬《そうらん》（政事・人心などを一手に掌握すること）するとされていた。

その天皇の大権は、一般行政と統帥の二つに分かれていて、国務上の輔弼《ほひつ》は政府が、統帥権のほうは参謀総長（陸軍）と軍令部総長（海軍）が輔翼《ほよく》（補佐したすけること）するということになっていた。

「輔弼」というのは、天皇の行為としてなされ、あるいはなされざるべきことについて進言し、採納（採用）を奏請《そうせい》（天皇の決定を求めること）し、その全責任を負うことであり、「輔翼」とは補佐というような意味である。

天皇の国家統治の大権（明治憲法による）
国務…政府（行政）、議会（立法）、裁判所（司法）の各機関が輔佐し、内閣の輔弼により、
これを総攬
統帥…参謀総長（参謀本部）と軍令部総長（軍令部）の輔翼により、これを総攬

昭和天皇の叱責により、田中内閣は総辞職し、田中義一は急死する

陸軍参謀総長であっても、海外に駐屯している軍隊を自由に動かせないことについては、陸軍参謀であった瀬島龍三が、さまざまな著書のなかで「一兵卒足りとも（天皇の裁可がなければ）動かせない」と述べている。

瀬島参謀は、そのために鳥の子紙（雁皮を主原料として漉《す》いた和紙。平滑・緻密で光沢がある）に攻撃命令を書き、それとは別に、

「別紙の件につき、允裁《いんさい》（御裁可のこと）を仰ぎ奉り候なり」

というのを書き、それらを持って参謀総長が宮中に赴き、そこに天皇が墨で裕仁とサインを

し、侍従が「天皇御璽《ぎょじ》」の四字を刻んだ金印を捺《お》して（御璽御名が揃って）、はじめて軍隊が動いたのである。

ちなみに、戦後に防衛庁の戦史室の人が調べたところ、大東亜戦争中の陸軍に関する陸軍部命令は一三〇〇通ほどもあり、そのうちの七〇〇通くらいに起案者・瀬島龍三の判が押してあったそうである。

だから、張作霖爆殺の報に接したとき、天皇のなすべきことは、次のとおりであったというのが、鹿島の主張である。

最初田中義一首相から報告があったとき、天皇はまず陸軍参謀総長に事件の調査を命令すべきだったのである。天皇が事件の責任者にみずから命令せず、権限のない田中に「辞表を出してはどうか」と強い語気でいったのは、天皇みずからいう「私の若気の至りである」にしても、田中を責めるのはおかどちがいであり、なすべきことは自分にあった。

関東軍は海外に駐屯している部隊であるため、総理大臣はもちろん陸軍大臣にも動かす権限がない。陸軍は、陸軍省と参謀本部からなる組織であり、海外に駐屯している関東軍を動かす権限は参謀本部にあり、そのトップは参謀総長であり、その参謀総長が「天皇陛下の御裁可をいただいて」はじめて、兵を動かすことができる。

だから、張作霖爆殺事件については、田中義一総理大臣を叱責するのは筋違いであり、天皇みずからが参謀総長に事件の真相解明を命じ、「河本を処罰し、支那に対しては遺憾の意を表する」のが正しいと判断したならば、そのようにさせればよかったというのである。

それが筋でありながら、昭和天皇は田中首相を叱責し、内閣総辞職から二ヶ月後の急死へと追いやったのである（実は築地の割烹旅館高野屋にて頓死した）。

満州事変を戦った関東軍に、「朕深くその忠烈を嘉《よみ》す」との勅語が

だが、この時期には、そうせざるをえない事情もあった。張作霖爆殺事件は、河本大佐が画策したということになっているが、陸軍上層部のかなりの部分が容認するとか、それとなく助けるというようなことがあったようなのだ。だからこそ、あれだけ大きな事件を起こしたにもかかわらず、河本大佐はこれといった処罰を受けなかったのだ。

それればかりか、関東軍は図に乗って、三年後には柳条湖《りゅうじょうこ》事件を引き起した。鹿島も含めて、日本ではこの事件を「柳条溝事件」と呼んできた。それは新聞の誤報に端を発する地名の誤り

であり、柳条湖が正しい地名であることが、一九八一年に中国の研究によって確認されている。

柳条湖事件は、独立守備歩兵第二大隊第三中隊の河本末守中尉が、柳条湖の満鉄線路に爆薬をしかけて爆発させた事件である。奇しくも張作霖爆殺事件のときと同じ独立守備隊の河本という名前の人物が、満鉄に爆薬をしかけたわけだが、二人は別人である。

それに、柳条湖事件の背景には、満州の武力占領を画策していた関東軍幕僚の板垣征四郎と石原莞爾《かんじ》の名前がはっきりとあがっている。さらに、柳条湖事件は、爆発させることには成功したが、線路への被害はほとんどなく、この爆発の直後に列車が無事に通過している。

ただし、このときの爆音を合図に、付近に出動していた川島正大尉の率いる第三中隊が、演習と称して北大営の中国軍を攻撃した。

板垣、石原らは、この事件を中国軍が満鉄線を爆破し、日本軍を攻撃したと偽り、関東軍を大規模に出撃させた。これが満州事変となっていく。

朝鮮軍司令官であった林銑十郎《せんじゅうろう》は、柳条湖事件直後に、独断で鴨緑江を渡って満州に出兵し、あとで昭和天皇に対して進退伺いを出したが、昭和天皇はこれを免責している。

満州はこのとき、関東軍、朝鮮軍の侵攻により、わずか半年足らずで実質的に日本のものとなった。柳条湖事件を画した板垣征四郎、石原莞爾、それに独断出兵した林銑十郎は、厚く遇され、関東軍に対しては「朕深くその忠烈を嘉《よみ》す（ほめる）」との勅語が与えられた。

昭和天皇に「侵略をした＝悪いことをした」との意識はなかったのである（当時は、帝国主義の時代であり、いまほど〈侵略＝悪〉という観念はなかったということもある）。

日本国民の大多数も、当時は、関東軍の忠烈を喜んでいた

日本による満州侵略は、英米にとっては、イラクによるクウェート侵攻と同質の行為であった。そのため、英米を中心として国際社会から「中国が可哀相ではないか」という声が澎湃《ほうはい》としてあがるが、英米の真意はもちろん「日本の満州独り占めに対する不満と警戒」であった。

イラクの場合は、このクウェート侵攻が湾岸戦争を引き起こすことになり、さらには二〇〇三年のイラク爆撃へとつながった。日本の満州侵略も、基本的にはほぼ同じコースをたどる。まずは対日経済封鎖（ＡＢＣＤ包囲網）が行われ、しかるのちに日米開戦となり、アメリカは連合国軍を組織してこれに抗戦し、やがて圧倒的な物量と先進兵器とによって、国際社会側として勝利するのである。

ただし、イラク攻撃はわずか一ヶ月ほどであったが、日本は一九四一年一二月八日の真珠湾奇襲攻撃にはじまって、一九四五年八月一五日に、昭和天皇の〈聖断〉によりポツダム宣言の

受諾を決定するまで、実に三年八ヶ月もアメリカと戦った。しかも、太平洋を戦場に、空母機動部隊による正面激突戦という、人類史上で最大規模の戦争を行ったのである。

ことの善し悪しは別にして、日本は好戦的であり、戦争に強いのである。山田長政がまたたくまにシャム王国で頭角を現したのも、戦《いくさ》に長けていたからであり、「平和ボケの日本人」というのは、ごく最近の非常に珍しい現象である。

さて、満州国建国は、イラクによるクウェート侵攻のように、実に危険な行為であったが、日本国民の大多数は、この国運の大発展を素直に喜んだ。関東軍の忠烈を深く嘉《よみ》したのは、昭和天皇だけではなかったのである。

日本は、「東洋王道の牙城」ではなく、「西洋覇道の犬」であり続けている

張作霖爆殺からのことを、ここでまとめておくと、まず独断専行してこの大事件を起こした河本大佐（および陸軍上層部）は、おとがめなしとなった。しかし、それでは諸外国に対してマズイということで、田中内閣を総辞職させ、田中義一を死に至らしめた。

次に、張作霖爆殺の延長線上に、第二幕となる柳条湖事件が、これも陸軍の独走で引き起こされ、それが満州事変へと発展した。

その満州事変の成功により、満州国が建国され、その巨大な成果は、昭和天皇率いる日本のものとなった。問題は、その成果が大き過ぎたことで、それが大東亜戦争のもとになるわけだが、満州建国当時には、そのような危機意識はなかった。

しかし、日本人みんなが浮かれていたわけではない。この満州建国よりもはるか前に、戦後に首相となる石橋湛山《たんざん》は、朝鮮と台湾の放棄、中国での権益放棄、軍備縮小を、「東洋経済新報」誌上で訴えていた。

同じころ、孫文は神戸で次のような演説をしている。

「日本人は、今後、西洋覇道の犬となるか、東洋王道の牙城となるか、慎重に研究して選ぶべきである」

そのような声があるにはあったが、日本は欧米先進国＝帝国主義の戦列を離れることができず、孫文のいう「西洋覇道の犬」であり続けた（いまもまたそうである）。

だから、日本はダメなのだという議論は、ずいぶんある。左翼あるいはリベラル派、市民派と呼ばれる人たちは、おおむねそのような考え方をしている。

鹿島は、どうか。

昭和天皇の戦争責任については、はっきりと「ある」と断言しているが、朝鮮と台湾の併合、中国での権益確保などについては、否定一辺倒ではない。中国には「中原《ちゅうげん》に鹿を追う」（中央で帝王の地位を得ようと争うこと。中原は黄河中流域のこと）という伝統があり、漢字文化圏の諸民族ならば、中国本土で覇権＝鹿を追ってもよいのだという。問題は中原の鹿の追い方であり、台湾と朝鮮の併合、満州建国、中国での権益確保は、やり方が悪いというのである。

次に、そのことをもう少し詳しく見ることにしよう。この視点が、鹿島史観の基本に深く関わる「昭和天皇の戦争責任論」の本質的な点である。

帝国陸軍は、「中原の鹿」の追い方がまずかった

天皇家は、北支の伯族《はくぞく》にして、扶余《ふよ》と百済の王家なのだから……

漢字文化圏の諸民族が、中国の本土で覇権を奪い合いすることは、「中原に鹿を追う」ということで、それほど悪いことではなく、日本もやってもよい。そう鹿島は主張するのだが、そのことには欠くことのできない前提がある。それはなにかというと、日本の天皇家の血筋である。

日本の天皇家は、もともとは北支の伯族であり、のちに扶余の王家、百済の王家となった一

族であるというのだ。なんのことはない、満州も韓半島も、もともと祖父の地であったのだから、その地で「中原に鹿を追う」ことに、ためらう必要などないというのだ。

鹿島の論でいけば、日本が中国で「中原に鹿を追う」のは、漢字文化圏の一民族としての権利だが、同じことを英米がやると、それは侵略でよろしくないということになる。

戦後においては、何かといえば「日本は侵略をした。まず謝罪をしろ」と言う。イギリスは中国にアヘンを売りつけたうえに侵略したが、それに対して中国がイギリスに謝罪を要求したということはないし、イギリスも謝ってはいない。にもかかわらず、日本に対してだけ、いつまでもしつこく強く謝罪を要求するということはどういうことか。まるっきり反対ではないかというのである。

たしかに中国本土は、これまでさまざまな民族が入り乱れ、さまざまな民族の王朝が打ち立てられてきた。だから、二〇世紀になって、日本が中国に新たな王朝を打ち立てても、別におかしくはない。日本は当時の首都・南京を陥落させたが、中国がそれでも降伏しなかったために、「城下《じょうか》の盟《めい》」(敵に首都の城下まで攻め入られて結ぶ講和の約束)を結ぶことができず、日中戦争は泥沼化した。

そのうえ、対米・対英開戦を決することにより、日本は腹背《ふくはい》に敵を受けるかたちになり、苦戦しているうちに、毛沢東が中国革命を成立させてしまった。さらに、日本軍はアメリカを中心とする連合国軍に敗れ、蔣介石は台湾に追い払われ、中原の鹿は毛沢東のものとなった。

それでよかったというのは、最初だけのことであり、毛沢東の中国共産党による中国支配は、実に血なまぐさいものであった。プロレタリア文化大革命という名の長期的な内戦で、どれほどの人民が殺戮《さつりく》されたことか（一説によれば三〇〇〇万人）。

新たに蔣介石軍の侵攻を受けることになった台湾では、「犬が去って、豚が来た」と、蔣介石軍による侵攻を嘆いた。犬とは台湾を併合していた日本のことであり、豚とは蔣介石軍のことである。

帝国陸軍は現地徴発を断行し、中国戦線におけるタブーを破った

日本の中原の鹿の追い方のまずさは、中国の農民への接し方にもあった。中国本土においては、農民に慈愛を与える軍隊が最終的には勝利を収めるからである。三国志をひもとけば、そのことは明らかなのだが、日本軍はその教訓を活かせなかった。

たとえば、一九三七年八月、日中戦争は華北から華中に拡大し、日本軍は上海で中国軍の激しい抗戦に直面して、大きな損害を被った。中国軍を退却させることができたのは、その年の

一一月になってからであったが、中支那方面軍（軍司令官・松井石根《いわね》大将）は、このとき異様な判断をする。指揮下の上海派遣軍と第一〇軍を、与えられていた任務を逸脱して、国民政府の首都・南京に向かって急進撃させたのである。

このとき、日本軍兵士は苦戦を強いられた上海戦で、疲労の極に達していた。日本軍兵士としては、やっとの思いで上海戦で勝利を収めたのだから、これで胸を張って日本に凱旋できると思っていた。そこに、さらに厳しい追撃戦を強いられたのだから、やけくそぎみになるのも無理からぬことであった。

しかも、この追撃戦は、衝動的、発作的なものであったので、十分に用意をするヒマはなかった。兵站《へいたん》が延びきった状態になり、物資の補給が間に合わず、たちまちのうちに食糧なども底をつき、現地徴発のやむなきに至った。

まさしくこのときである。帝国陸軍は、「農民には慈愛を与えなければならない」という古来からの中国戦線におけるタブーを破ったのである。

徴発というのは、物を強制的に取り立てることである。当時のこの現地徴発を、現地調達と表現している人もいるが、やったことを正確に表現すると、現地調達ではなく現地徴発であった。

毛沢東の人民解放軍も、長征の過程で現地調達を行っているが、彼らはたとえわずかでもキチンと対価を支払っていて、徴発は行っていない。

毛沢東は国民党軍に包囲された江西省瑞金《ずいきん》の根拠地を放棄し、福建・広東・広西・貴州・雲南・四川を経て、陝西《せんせい》省北部に至るまで、実に一万二〇〇〇キロにもわたる大行軍をし、これを長征と呼んだのだが、長征には、「農村が都市を包囲する」という戦略の裏打ちがあった。「中国本土においては、農民に慈愛を与える軍隊が最終的には勝利を収める」という教訓をよく守り、そのことによって、見事に中原の鹿を射止めたのである。

他方、帝国陸軍は、食糧などの準備がきわめて不十分であるわけだから、追撃の過程でさかんに現地徴発を行い、そこに中国侮蔑感情や戦友の仇を討つという意識なども加わり、いわゆる「略奪・強姦・虐殺・放火」などの非行が常態化する状況となった。

そして、そのまま南京に入城したわけだから、多数の一般市民を巻き添えにした徹底的な掃討を行うということになってしまったのである。

『記紀』の原作は、新羅の舎人親王が唐に提出した報告文書

百済王の道鏡や桓武天皇らが、『日本紀』をもとに『記紀』をつくった

さて、日本の天皇家の氏素性《うじすじょう》だが、鹿島は『昭和天皇の謎』のなかで、「もともとは北支の伯族であり、のちに扶余の王家、百済の王家となった一族である」と述べているが、これをもう少し詳しく述べると、次のようになる。

神武天皇というのは、中国東北（満州）から朝鮮半島を経て南下した扶余族のタケミカヅチのことである。その神武天皇率いる扶余族は北倭人であり、これが三世紀初頭に南倭人と戦い、博多近辺に伊都国《いとこく》を建てた。

卑弥呼は神武の妻であり、実家はユダヤ系亡命者である公孫氏であった。その公孫氏の建てた国が日向・西都原《さいとばる》であり、卑弥呼は都をここに移して統治した。

その後、朝鮮半島と日本列島の支配権をめぐって、高句麗、新羅、百済、倭国が争い、当時の世界帝国・唐の援助を得た新羅が百済を滅ぼし、その百済を復興させるために倭国は軍隊を

派遣した。それが、六六三年の白村江（はくすきのえ・はくそんこう）の戦いである。

この白村江の戦いで、倭国を破った唐・新羅連合軍は、九州に攻め込み……というように、きわめて大きなスケールで、鹿島は、神武天皇から白村江の戦いまでの歴史を解き明かすのだが、その部分は、本書の第四章から五章にかけて詳述しているので、そちらを熟読いただきたい。

日本の歴史というと、まずは『古事記』と『日本書紀』だが、この二つの書物の下敷きとなったのは『日本紀《にほんき》』である。

その『日本紀』とは、縄文時代からの先王朝＝天《あめ》の王朝の歴史をすべて抹殺し、新羅天皇家が有史以来続いてきたとする、唐へ提出した報告文書である。

六七六年に唐が朝鮮半島への進出を断念したことにより、日本をも支配下におさめた統一新羅が誕生し、新羅王は皇帝となる。そうして、日本総督として舎人《とねり》親王を日本に派遣し、舎人親王を天皇として、新羅天皇家が有史以来続いてきたとする『日本紀』をつくったのである。

その『日本紀』を、権力者となった百済王の道鏡や桓武天皇らがたびたび改竄して『日本書紀』をつくり、それに合わせて『古事記』もつくったのである。

その『古事記』と『日本書紀』を、最高の史書として、いまも国民が教育されていることはいうまでもない。いまでも、多くの日本人が「万世一系の天皇」と信じ、「日本民族は単一民族」

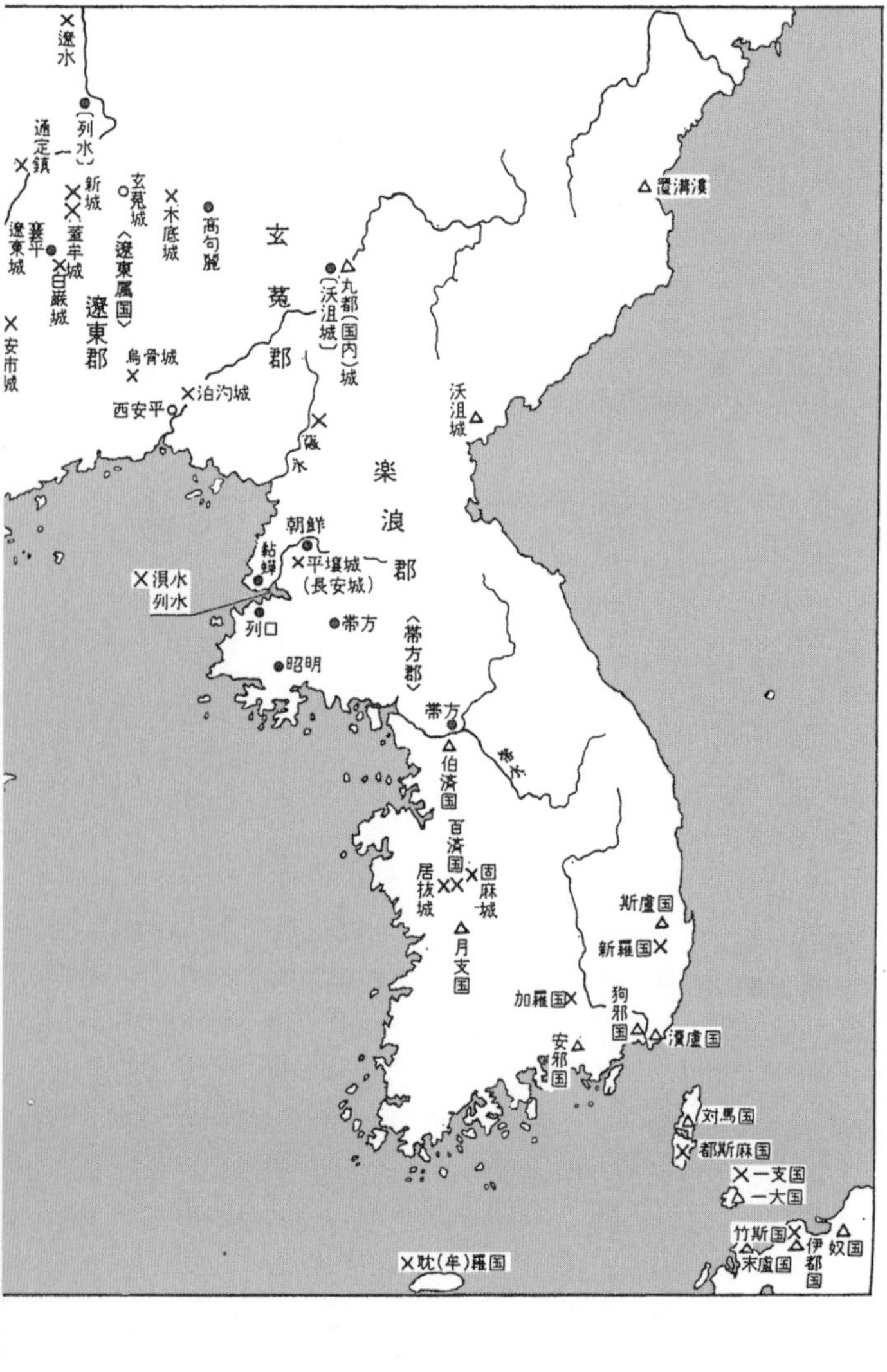
遼水
〔列水〕
通定鎮
新城
玄菟城
木底城
高句麗
玄菟郡
蓋牟城
襄平
遼東城
白巌城
〈遼東属国〉
遼東郡
安市城
烏骨城
泊汋城
西安平
丸都(国内)城
〔沃沮城〕
置溝漊
沃沮城
楽浪郡
朝鮮
粘蟬
平壌城(長安城)
浿水
列水
列口
帯方
〈帯方郡〉
昭明
帯方
伯済国
百済国
居抜城
固麻城
月支国
斯盧国
新羅国
加羅国
狗邪国
瀆盧国
安邪国
対馬国
都斯麻国
一支国
一大国
竹斯国
伊都国
奴国
末盧国
耽(牟)羅国

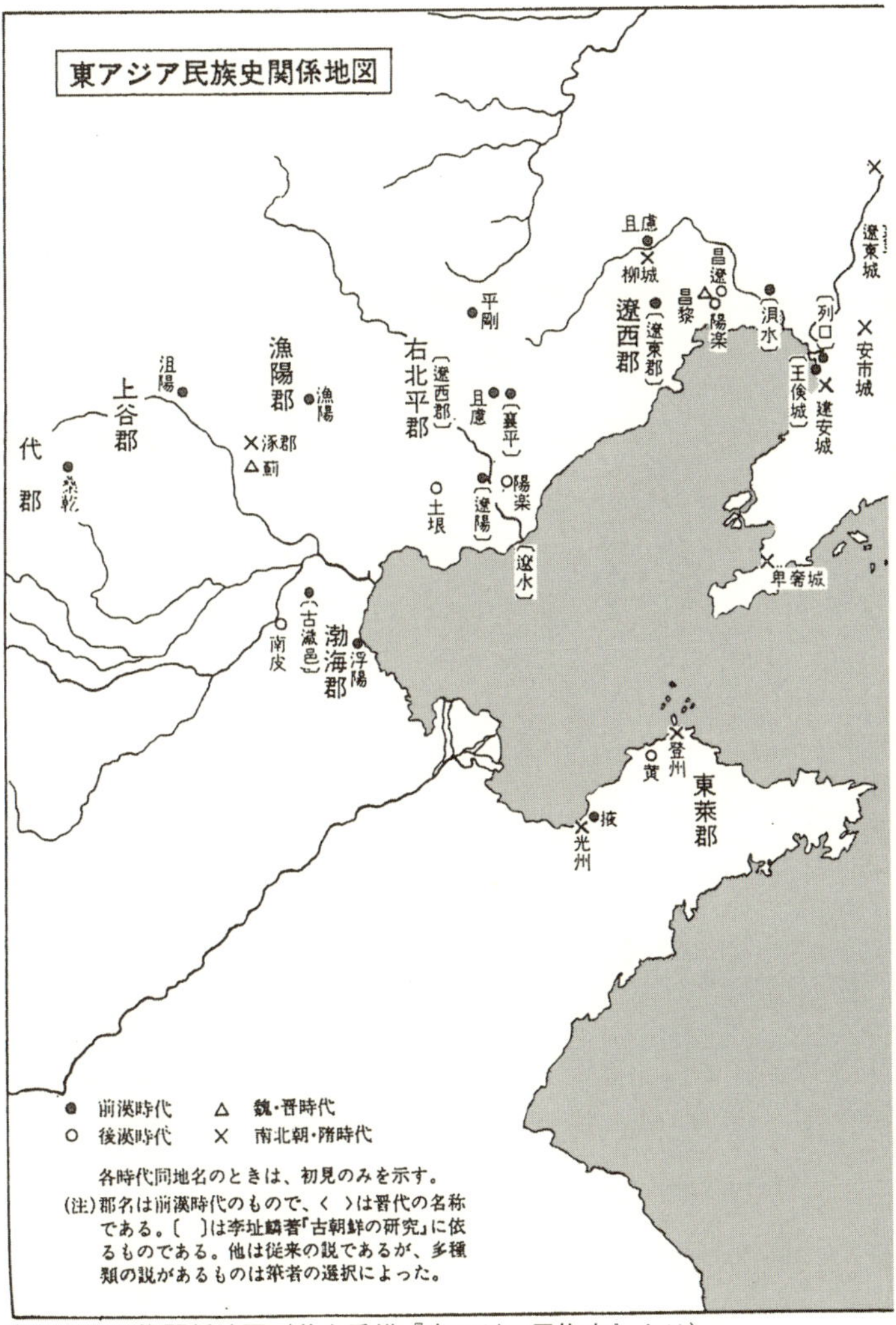

東アジア民族関係地図（井上秀雄『東アジア民族史』より）

であると信じているのは、そのためである。

秦始皇帝はバクトリア王ディオドトス、兵馬俑《へいばよう》はペルシア軍団

鹿島はさらに、中国の神話に出てくる人頭蛇身の伏犠《ふっき》は、バビロン神話の人頭魚身のオアンネスであり、中国の古典とされている司馬遷（前一四五〜九六）の『史記』（前九七年）は、オリエント史を地名遷移して漢訳した「翻案偽史」であることを、克明な対比作業によって証明した。

そして、漢民族は、

殷（シュメール人）→周（アッシリア人）→秦（バクトリア人）

の文化遺産をそっくり棚ボタ式に受け継いだと主張している。

その漢民族は、大きな恩恵を受けた殷人（シュメール人）を夷、すなわちエビスと呼び、その夷＝エビス＝殷人が日本列島にやってきて打ち建てたのが、東表国《とうひょうこく》であり、それこそが神武以前の先王朝である天の王朝であるというのだ。

このあたりのことについては、鹿島著の『倭と王朝』（新国民社、一九七八）に詳しく展開されていて、その先王朝が日本列島を支配していたという部分が、韓国と日本の双方でずいぶん大きな反響を呼んだ。

鹿島の中国論においては、それ以外にもっと驚くべきことを、二つ指摘している。一つは、秦の始皇帝陵出土の兵馬俑は、中国人のものではなく、ペルシア軍団のものであったということである。この部分は、第六章に詳述した。

二つ目は、秦の始皇帝（前二二一～一〇）そのものが、中国人ではなくバクトリア王ディオドトスであったということである。そればかりではない。そのことが明らかになることにより、さながら「神経衰弱」のカードが次々と開かれていくように、以下の事柄が明らかになっていった。

孔子のモデル……『旧約聖書』の預言者エリヤ

儒学……ユダヤ人ラビ（律法者）の「ジュウ学」

『史記』……オリエント史の借史

その作者の司馬遷……ユダヤ人。漢王によって宮刑（宦官）を与えられ、誕生したばかりの漢民族のための「偽史」づくりを強制された

倭人……秦の始皇帝に追われ、東北（満州）に移動して「北倭」となり、扶余族に率いられて九州に渡来。日本列島の先住民や「南倭」と混血し、近畿の秦王国とも合流して日本列島全体に拡散

項羽…………………　エウチデムス

これらのことは、本書では第六章と第七章であつかった。
以上のことが鮮明になったならば、部落差別というものが、いかに不合理で無意味なものであるかは、おのずから明らかである。そこで、最後の章＝第八章で、あらためて差別の原点を見つめ直した。

天皇の大権が制約された江戸時代と戦後、日本は繁栄した

「日本は英米と同盟を結んでいるとき発展した」のはたしかだが……

元駐タイ大使の岡崎久彦氏は、「日本はアングロサクソンと軍事同盟を結んでいるとき発展した」として、日英同盟を高く評価し、日米同盟の大切さを説いている。これは事実のみを見れば、たしかにそのとおりである。

しかし、よく考えてみれば、それぞれの時代の覇権国と同盟を結んでいれば、その覇権国が

覇権国であるかぎり、同盟国が発展するのは当然のことであり、そこには取り立てていうほどの法則性はない。しかも、覇権国というのは、時代によって変わる。アメリカの前はイギリスで、その前はスペインやオランダやポルトガルなどが跋扈《ばっこ》したわけだが、さらにその前にはサラセン帝国があり、匈奴《きょうど》（秦・漢代にモンゴル高原で活躍した遊牧騎馬民族）や突厥《とっけつ》（六世紀中頃からモンゴル高原・中央アジアを支配したトルコ系遊牧民族）やモンゴルなども、ユーラシア大陸で大きな覇権を確立していた。

だから、覇権国が覇権国でなくなるときに、同盟国はどうするかという問題が依然として残っているわけであり、戦前の日本にしても、ドイツの電撃作戦を目の当たりにして、次の覇権国はドイツだと読んだからこそ、日独防共協定という名の日独軍事同盟を結んだのである。日本の真珠湾奇襲攻撃があと半年遅れていたならば、ヨーロッパ戦線の状況の変化が見えてきたはずであり、そうなれば果たして日米開戦に至ったかどうか。

それに、日本がアングロサクソンと軍事同盟を結んで発展したのは、人類の長い歴史から見ればごく最近のことであり、アメリカが今後数千年にわたって世界の覇権国であり続けるとは考えにくい。

「常に覇権国と同盟を結ぶ」というのであれば、いずれどこかの時点でアメリカを見限り、次の覇権国に乗り換えなければいけないわけだが、それはかなり難しい作業であろう。

天皇の権力が制約されたときも、日本は繁栄している

岡崎の「日本はアングロサクソンと軍事同盟を結んでいるとき発展した」によく対峙しうるのは、鹿島の「天皇の権力が制約されたとき、日本は繁栄した」という説である。
日本において、天皇の権力が大きく制約されたのは、私たちがよく知っているここ数百年の歴史でいうと、江戸時代と戦後である。江戸時代は、徳川幕府によって天皇の大権が大幅に制約され、国は繁栄した。戦後は、米軍によって天皇の権力が制約され、日本はアメリカに継ぐ経済大国となりえた。

天皇の大権の制約と日本の繁栄に、おそらく直接的な因果関係はないのだろうが、歴史的事実としては、そのようなことがあったということができる。

また、天皇の大権が極度に発揮されたとき、日本はどうなったかという問題を立てると、ひどいことになったという解答を得ることになる。近現代の日本において、天皇の大権が極度に発揮され始めたのは、大東亜戦争開戦から終戦までであり、この時期、日本は最悪であったからである。

第二章

明治維新で北朝から南朝へ

徳川家茂、孝明天皇は、ともに毒殺か

鹿島昇は柳井《やない》市を訪れ、田布施町麻郷《おごう》に大室近祐《おおむろちかすけ》氏を訪問した

鹿島は、『裏切られた三人の天皇――明治維新の謎』『明治維新の生贄――誰が孝明天皇を殺したか』（松重正、宮崎鉄雄との共著）で、伊藤博文と岩倉具視《ともみ》が孝明天皇と幼い睦仁《むつひと》天皇を謀殺し、長州藩に匿《かくま》われていた南朝の末裔を明治天皇にすり替えたと主張したが、そのきっかけとなったのは、昭和六二年一〇月の山口県柳井市訪問であった。

日本神道・歴史研究の権威である吾郷《あごう》清彦氏の紹介で、柳井市を訪れた鹿島昇は、熊毛郡田布施町麻郷字大室に住む大室近祐氏（口絵写真参照）を訪問した。いまではすでに故人となった大室氏は、当時、地元では大室天皇と呼ばれていた。大室天皇は、南朝の崩壊とともに吉野の地を追われ、長州・麻郷に落ちのびた光良《みつなが》親王の子孫である。

これはよく知られていることだが、南朝・後醍醐天皇の皇統は、次のように大きく二つに分かれている（54ページの家系図も参照）。

正系……後村上天皇―長慶天皇―後亀山天皇―良泰《ながやす》親王

傍系……尊良《たかなが》親王（東山天皇）―守良《もりなが》親王（興国天皇）―興良《おきなが》親王（小松天皇）―正良《まさよし》親王（松良天皇）

この傍系の正良《まさよし》天皇には、美良《よしなが》親王、光良《みつなが》親王という二人の息子がいて、光良《みつなが》親王は弟のほうであった。

兄の美良《よしなが》親王は、三浦佐久姫を妻として三浦藤太夫と名を変え、現在の愛知県豊川市に移り住んだ。そして、これが三浦天皇家となる。

南朝正系の良泰《ながやす》親王のほうは、南朝の崩壊とともに関東に落ちのび、江戸時代まで水戸藩の庇護を受けた。これが熊沢天皇家である。

つまり、南朝の皇統を継ぐべきものとしては、大室天皇家、三浦天皇家、熊沢天皇家の三つがあるということである。

鹿島が訪ねたとき、大室近祐氏は、すでに八〇歳を越えていたが、

南朝皇統譜と大室家の家系図

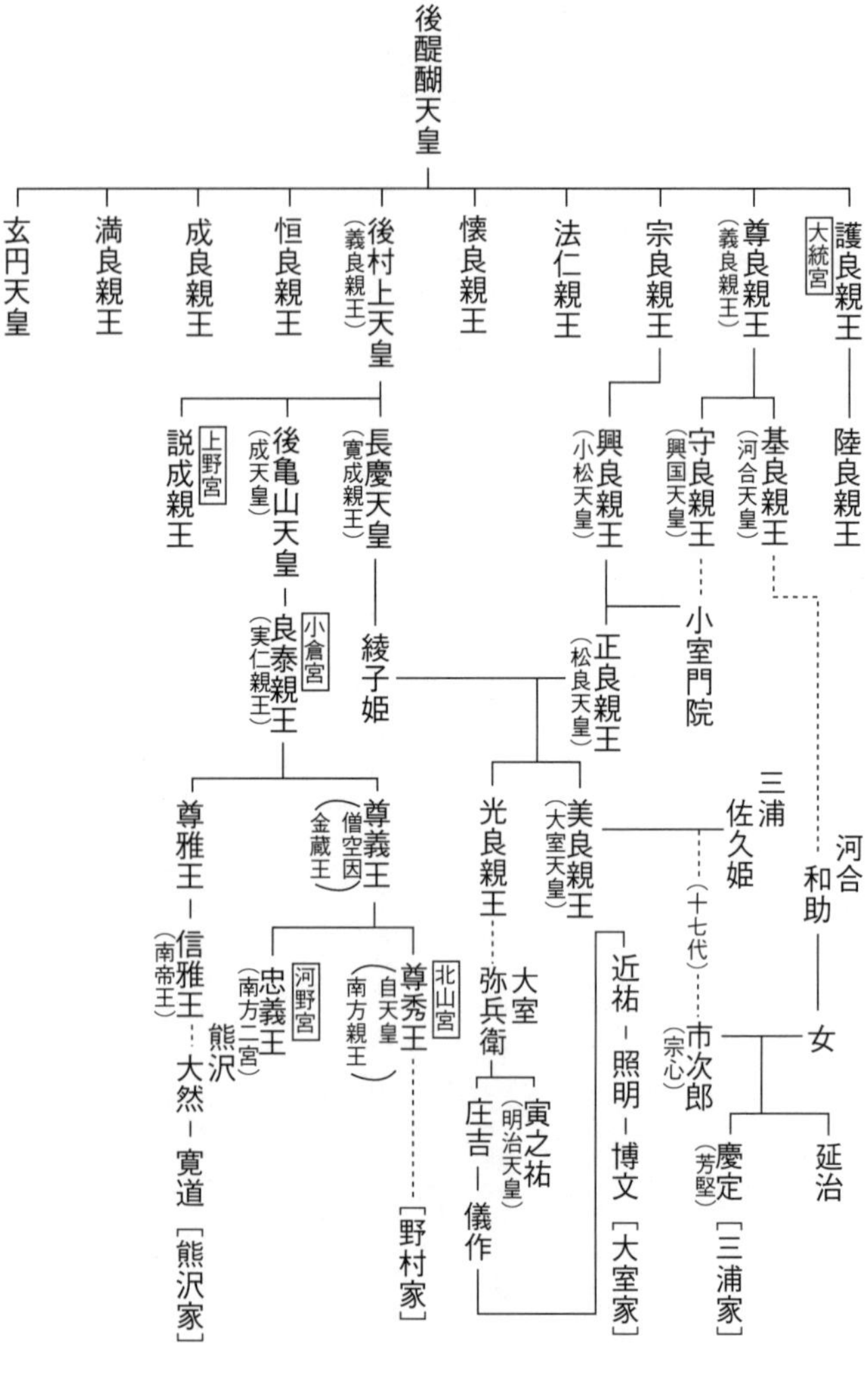

「私は南朝の流れを引く大室天皇家の末裔であり、明治天皇は祖父の兄・大室寅之祐です」

と、はっきりと語った。

鹿島は、この最初の訪問のときはさすがに半信半疑のようであったが、一〇回におよぶ訪問を重ね、『皇道と麻郷』をはじめとする大量の文書を見せられることにより、しだいにこの事実を確信するようになっていった。

山岡荘八は徳川家茂毒殺説を、ねずまさしも孝明天皇毒殺説を

第二次長州征伐直後の慶応二年（一八六六）七月二〇日、第一四代将軍・徳川家茂《いえもち》がわずか二〇歳で急死し、その五ヶ月後の一二月二五日に、今度は孝明天皇が三六歳で急逝した。この二つの死は、ともに不可解なものである。

徳川家茂については、山岡荘八は毒殺説をとっている（「明治百年と日本人」『月刊ひろば』昭和四三年一一月号）。

孝明天皇についても、当時からその死については黒い噂が流れていて、平凡社の『大百科事典』などにも、孝明天皇は「疱瘡《ほうそう》を病み逝去。病状が回復しつつあったときの急死のため毒殺の可能性が高い」（羽賀祥二・著）と書かれている。

孝明天皇・毒殺説の最もポピュラーな論文は、歴史家・ねずまさしの『孝明天皇は病死か毒殺か』（『歴史学研究』一七三号所収）である。

さらに、当時の歴史状況を振り返ることにより、次のようなことがいえる。

孝明天皇は、徳川家茂を信任していて、思想的には、幕府の政策を是認し、これを助ける佐幕派であり、公武合体を志向していた。

それに対し、薩長土肥（薩摩・長州・土佐・肥前）の志士たちは、徳川幕府を倒す倒幕を目指し、外交政策は開国であった。薩摩藩は薩英戦争によって、長州藩は四国連合艦隊による下関事件（後述）によって、英・仏・米・蘭の軍事力のすごさをよく知っていて、戦っても勝ち目のないことはわかっていた。

それにもかかわらず、孝明天皇が「佐幕・公武合体・攘夷」を命じるのならば、それは薩長土肥のみならず日本そのものを危うくするものであった。

この間の複雑な国内状況が、幕末政治史上最大の内政外交問題である「条約勅許問題」（一八五七—六七年）を引き起こす。

一八五四年、幕府は日米和親条約締結に際して、アメリカ国書を朝廷に奏聞《そうもん》（事情などを申し上げること）したが、調印については事後報告を行うにとどまった。その後に、日米修好通商条約をも調印せざるをえなくなり、このときは国内の反対派を押さえるために、幕吏を上洛（京都へ上ること）させて勅許を得ようとしたのだが、朝廷はこれを拒否した。

そのため、外交責任者の老中・堀田正睦《まさよし》みずからが上洛し、国際情勢の変化を説いたが、それでもなお朝廷は拒否の姿勢を貫いたので、この条約調印をめぐって国内世論はまっぷたつに分かれ、大変な状況となった。

その状況をさらに危険なものにしたのが、大老・井伊直弼《なおすけ》による勅許を得ないままの調印断行であった。

違勅調印により、尊王と攘夷が結びついた

この時期、天保改革以後台頭した西南雄藩《せいなんゆうはん》（薩長土肥）は天皇との結びつきを深めていたが、幕府も体制の立て直しをめざして天皇の権威との結びつきを深めようとしていた。いわゆる「玉《ぎょく》をにぎる」（天皇を手に入れる）ための暗闘が、幕末の水面下で激しく繰り広げられていたのだ。

そんななかで、井伊大老が違勅調印（天子の命令に背いて調印すること）を断行したため、西南雄藩はこの違勅調印に対して、はっきりと尊王を打ち出した。さらに、違勅調印による開国政策に

対しても、はっきりと攘夷を打ち出した。

そのことにより、ほんらい儒教的名分論（名称と実質の一致を求めて社会秩序を確立しようとする儒教の思想）であった尊王論が、攘夷主義と結びつき、尊王攘夷運動が奔流することとなった。

幕府は、この尊王攘夷運動に対して、吉田松陰・頼三樹三郎《らいみきさぶろう》・橋本左内《さない》ら多数の志士を投獄・処刑する安政の大獄などの強硬策でもって応じ、孝明天皇はそのことへの抗議として譲位の意を示し、朝幕の対立は頂点に達し、幕末の政局はいっきょに流動化した。

この井伊大老による違勅調印は、一八五八年の桜田門外の変によって、一つの結末を迎える。

一八六〇年の雪の朝、水戸浪士ら一八名が桜田門外で、

「尊王攘夷《そんのうじょうい》は正義の明道《めいどう》なり、天下万民をして富岳《ふがく》の安《やす》きに処《しょ》せしめ給わん事を願《ねが》うのみ。いささか殉国報恩《じゅんこくほうおん》の微忠《びちゅう》（忠義な心）を表《あらわ》し、伏《ふ》して天地神明の（御《ご》）照覧《しょうらん》を仰《あお》ぎ奉《たてまつ》り候《そうろう》なり」

と言って、井伊直弼を暗殺したのである。

維新前夜、北朝から南朝へと、明治天皇がすり替わった？

皇妹・和宮と将軍・徳川家茂の婚姻により、孝明天皇はごく近い親戚に

公武合体を方針とする幕府は、将来の攘夷の実行を約束して、皇妹・和宮と将軍・徳川家茂との婚姻を、孝明天皇に要請した。

その要請を受けた孝明天皇は、周囲の反対を押してこれに同意し、その結果、孝明天皇と将軍・徳川家茂は、ごく近い親戚となった。そのうえ、孝明天皇（北朝系）は、中川宮や京都守護職・松平容保《かたもり》と結んで、尊皇攘夷派を京都から追放した。

孝明天皇は攘夷派であり、天皇なのだから孝明天皇にとって尊皇が悪いはずはないのだが、一方でアンチ尊皇攘夷派であり、反西南雄藩・反薩長派だったのである。

さらに幕府は、長州藩の攘夷即行の藩是、七卿西走（尊攘派と提携していた七人の公卿が厳罰を受け、西走した事件）の擁護、蛤御門の変（長州藩が京都に出兵し、京都守護職・松平容保率いる諸藩の兵と宮門付近で戦った事件）などを怒り、一八六四年に第一次長州藩征伐を行った。このときちょうどイギリス、

アメリカ、フランス、オランダの連合艦隊が下関を来襲したので、長州藩は敗北して恭順の意を表し、主謀者を処刑して謝罪した（だが、長州藩で匿っていた三条実美《さねとみ》らの五卿を幕府側へ引き渡すという約束は実行しなかった）。

この長州藩俗論党の弱腰に対し、高杉晋作らの藩内強硬派は、一八六四年末から翌六五年にかけて馬関（下関）で決起し、藩の主導権を奪い、奇兵隊以下諸隊軍事力を背景に、藩論を幕府との軍事対決の方向に定めた（一八六五年三月）。

これを見た幕府は、六五年九月に孝明天皇の勅許を得て、第二次長州征伐を敢行しようとしたが、朝廷および諸藩には再征反対の空気が強く、薩摩藩は出兵を拒否した。

第二次長州征伐敗北直後、一四代将軍・徳川家茂は大坂城で急逝

この時期の薩摩藩の動きは、実に興味深い。薩摩藩が第二次長州征伐への出兵を拒否したのは、六五年九月のことであり、その一〇ヶ月前の六四年七月には、蛤御門の変が起きている。その蛤御門の変では、薩摩藩は幕府側であった。

ところが、いざ蛤御門の変が終わると、京を支配したのは一橋家の徳川慶喜、会津藩主・松平容保《かたもり》、桑名藩主・松平定敬《さだたか》の三者であり、薩摩藩にはこれといった論功行賞がなかった。そ

のため、薩摩藩は蛤御門の変以降、公武合体派から距離を置くようになり、勝海舟あたりから、徳川幕府には将来はないというような話を聞くことになる。

そのようなこともあって、六五年九月に、第二次長州征伐への出兵を拒否するわけだが、その四ヶ月後には、薩長同盟を結ぶに至っている。まさに昨日の敵は今日の友といった感じなのだが、このとき薩摩藩の西郷隆盛を口説き落としたのは、桂小五郎（＝木戸孝允）であった。

「わが長州としては、南朝の御正系をおし立てて王政復古をしたいのだ」

と、西郷を口説いたのである。

これを聞いた西郷は、自身が南朝の大忠臣・菊池家の子孫だったため、

「ようごわす」

と、南朝革命に賛同し、薩長軍事同盟を締結し、薩長は尊皇倒幕にまとまったのである。

そこに、第二次長州征伐の幕府軍がやってきて、薩摩藩がいることに驚き、密輸入によって手に入れたおびただしい数の近代兵器に目を見張るのである。

さらに、大坂や江戸における打ちこわしや百姓一揆が、後門の虎となり、あとは敗走あるのみといった状況となった。

まさにそのとき、実にタイムリーに一四代将軍・徳川家茂が大坂城で急逝したのである（こ

れほどまでに時宜を得た急逝はないことも、毒殺説を裏付けることになる)。

将軍が死んだのだからと、六六年八月に、休戦を孝明天皇に申し入れ、九月二日に長州藩と休戦協定を結ぶのだが、その三ヶ月後の一二月に、今度は孝明天皇が急逝してしまった。

そこで、休戦から解兵へと方針を変更して朝廷の沙汰書を得、天下に布告した。すなわち第二次長州征伐に幕府は失敗したことを、明らかにしたわけである。

このことによって、幕府の権威失墜は決定的となり、以後、幕府支配の崩壊は時間の問題となった。

孝明天皇は徳川家茂、会津藩主を信任する頑《かたくな》な攘夷主義者であった

一方、難なく下関に入った四国連合艦隊は、さらに大坂湾へと入り、条約勅許と兵庫開港を要求したが、孝明天皇はこの期に及んでもまだ首をたてにふらなかった。孝明天皇は、それほどまでに頑《かたくな》な攘夷主義者であったのだ。しかも、将軍・徳川家茂を信任するのみならず、京都市中の治安維持の総責任者・京都守護職に会津藩主の松平容保を任命していた。

それらのことを、明治天皇と対比して整理すると、次のようになる。

孝明天皇……幕府を助ける佐幕派、公武合体、攘夷、会津藩主を信任
明治天皇……幕府を倒した倒幕派、反公武合体、開国、会津藩は朝敵

一八六六年の六月に徳川家茂が死去し、同年一二月に孝明天皇が死去する。

一八六七年一月九日、睦仁《むつひと》親王が践祚《せんそ》（天皇の位を受け継ぐことで、即位との区別はない）し、明治天皇睦仁《むつひと》となる（なお、明治天皇の即位の礼は一八六八年八月二七日に行われ、同年九月八日には明治と改元され、一世一元の制度がここに確立されることになる）。

だからといって、すぐに大きな変化はなかったのだが、一八六七年五月になると、兵庫開港の勅許が出され、日本は攘夷から開国へと、ようやく大きな一歩を踏み出した。鹿島の説によると、ちょうどそのころ、大室寅之祐は西郷隆盛とともに上洛している。

孝明天皇から明治天皇へと路線が一八〇度展開し、明治維新が成立している

やがて、一〇月になると薩長両藩に倒幕の密勅が下るのだが、不思議なことに、最後の将軍・徳川慶喜《よしのぶ》が朝廷に大政奉還を上奏したのは、この倒幕の密勅が下った直後のことであった（一〇月一四日）。

その大政奉還を受けて、一二月に王政復古の大号令が発せられるのだが、その最初の場所は、なんと大室寅之祐の生家のすぐそばの高松八幡宮であった(ここに、三条実美《さねとみ》も同席している)。

そしてその翌月、すなわち一八六八(慶応四=明治元)年一月、鳥羽・伏見で、幕府軍二万と薩長軍四千が戦うが、錦の御旗を前に幕府軍は戦意を喪失して敗走。それが一三日であり、その二日後の一五日に、鹿島説によれば大室寅之祐が明治天皇として、正式に京都御所に迎え入れられたということになっている。

睦仁《むつひと》親王が即位をして新天皇となったのは、一八六七年一月九日である。ところがいつの間にか人物がすり替わり、そのちょうど一年後の一八六八年一月一五日に、長州藩が匿っていた南朝末裔の大室寅之祐が、明治天皇となったというのである。

そして、この一年のあいだに、孝明天皇路線(幕府を助ける佐幕派、公武合体、攘夷、会津藩主を信任)から、明治天皇路線(幕府を倒した倒幕派、反公武合体、開国、会津藩は朝敵)へと政策を一八〇度展開し、明治維新が成立しているというのである。

睦仁親王と明治天皇は、似ていない

明治天皇のすり替えについては、一八〇度の政策展開という「状況証拠」のほかに、「物的証

大室家のまわりは現在、遺跡となっている。

大室寅之祐の生家。

拠」にあたるものもある。

まずは、「あばた」である。睦仁親王は、種痘を受けていて天然痘には罹っていなかったので、あばたはない。ところが明治天皇（大室寅之祐）は二歳のときに天然痘に罹り、口の周りに「あばた」が残った。立派な口髭は、そのあばたを隠すためのものであり、写真に撮られるのを嫌った。「御真影」が肖像画であるのは、そのためである。

第二に、禁門の変のとき、一三歳であった睦仁親王は、砲声と女官たちの悲鳴を聞いて失神したとあり、ひ弱な虚弱体質であった。明治天皇（大室寅之祐）は、二四貫（約九〇キロ）の巨漢で、側近と相撲をとっては投げ飛ばしていた。

第三に、即位前の睦仁親王に乗馬の記録はない。馬に乗れなかったようである。ところが明治天皇（大室寅之祐）は威風堂々、馬上から閲兵し、大号令をかけている。

第四に、睦仁親王は右利きだが、明治天皇（大室寅之祐）は左利きである。当時、左利きは嫌がられていたため、天皇が左利きというのは、いかにもヘンである。しかし、長州藩に匿われていた南朝の末裔ならば、それはありうる。

孝明天皇は、岩倉具視が毒殺したのか？

八八卿列参事件により、岩倉具視は辞官落飾のやむなきに至る

岩倉具視は、一八二五年（文政八）に、権中納言・堀川康親《やすちか》の次男として生まれ、岩倉具慶《ともやす》の養子となっている。

一八三八年に、従五位下で侍従として出仕し、一八六一年には正四位下となり、右近衛権少将《うこのえごんしょうしょう》を経て、左近衛権中将となる。

鹿島説では、岩倉具視は幼い日に孝明天皇を女形にして男色遊びをしていたということになっているが、たしかに岩倉は関白・鷹司《たかつかさ》政通に認められて、孝明天皇の侍従となっているのだか

ら、これはありうることである。

さらに、鹿島説では、孝明天皇が男色遊びに飽きて女性を求めたため、その心変わりを憎んで、岩倉具視も暗殺の謀議に加わったということだが、これもありうることである（この点については、後に別の角度からも検証する）。

さて、一八五八年（安政五）、日米修好通商条約への調印をめぐって、国内がまっぷたつに割れたとき、岩倉具視は同志の廷臣八八卿の参列に加わって勅許案改訂を建言し、関白・九条尚忠の幕府委任案を一転させた。

この列参事件以降、岩倉具視は難局打開と攘夷の実行を公武合体策に求め、万延元年（一八六〇）には一時中座していた皇女・和宮《かずのみや》の将軍・家茂への降嫁《こうか》を、江戸下向にも同行して積極的に推し進め、朝廷の有力者としての地位を固めた。

それらのことにより、岩倉具視は、久我建通《たてみち》、千種有文《ちぐさありふみ》、富小路敬直らとともに、〈四奸《かん》〉の一人として、尊王攘夷過激派に命を狙われ始めた。

そのため、朝廷としても家族ともども洛中から追放せざるをえなくなり、岩倉具視はついに辞官落飾（官を辞し、貴人が髪をそりおとして出家すること）のやむなきに至った。剃髪し出家した岩倉具視は、友山と称して、霊源寺、西芳寺、岩倉村と居所を転々として逃げ回ったが、めまぐるしい情勢を意識してか、玉松操、大久保利通など多数の志士たちとの接触を欠かすことがなかった。

重要な貴人の暗殺は、東洋ではごく普通のことである

尊皇攘夷派が台頭し、岩倉具視の命が狙われ始めたのは、一八六二年（文久二）。その四年後の一八六六年（慶応二）に孝明天皇が急死すると、岩倉具視は明治天皇により勅勘《ちょっかん》（天子のとがめ。勅命による勘当。宥免《ゆうめん》の勅許があるまで、閉門・蟄居《ちっきょ》して謹慎するのが通例であった）が許され、王政復古クーデターで参与となり、明治新政府において、副総裁、大納言、右大臣と、たちどころに権力の中枢に位置するようになっていった。

孝明天皇が急死するまでは、髪をおろして家族ともども逃げ回っていたのが、明治天皇に代わるやいなや、急激に異例の出世をしているのである。そのため、当時から岩倉具視には、孝明天皇毒殺の疑いがかけられており、いまでも歴史関係などの本に「孝明天皇には毒殺説があり、岩倉に嫌疑がかけられた」と書かれていたりする。

孝明天皇の急死によって、岩倉具視の境遇が激変したのは事実である。さらに岩倉具視は、明治新政府の中枢に納まるやいなや、明治六年の政変、士族反乱、対朝鮮・台湾問題、〈漸次国家

立憲ノ政体〉樹立の詔勅、太政官・大書記官・井上毅を駆使しての明治憲法の基本構想づくり、明治一四年の政変と、クーデターや政変には推進者ないしは協力者として、必ず顔を出すようになる。

彼が権謀術数の政治家であったことには異論の余地はなく、孝明天皇を毒殺していたとしても、驚くにはあたらない。

「保守的な帝によって、おそらく戦争になるだろうということは予期されるはずであった。重要な貴人の死を毒殺に帰するということは、東洋の国々ではごく普通のことである」とは、英国公使パークスの通訳官であったアーネスト・サトウの言葉である（『日本における外交官』）。

伊藤博文とは、何者だったのか

伊藤博文は、二二歳までは士分ではなく、数多くの違法事件に関与していた

伊藤博文は、一八四一年（天保一二）九月二日、周防国《すおう》（今の山口県南部・東部）熊毛郡に生まれ、家が貧しかったために、一二歳ごろすでに若党奉公《わかとう》（武士の従者。戦闘に参加するが馬に乗る資格のない軽輩）に出ている。

一四歳になると、親子で足軽・伊藤直右衛門の養子となり、その俊輔（博文）の人物を見込んだ藩士・来原良蔵《くりはらりょうぞう》（桂小五郎の義弟。相模湾警護隊勤務）に鍛えられて一人前の下忍（忍者）となった。そのため一六歳のときに松下村塾に入って吉田松陰の教えを受けると、たまたま大室天皇家と俊輔の郷里が近かった縁で中忍（佐官級情報局員）松陰から「玉《ぎょく》」大室寅之祐の傅役《もりやく》を命ぜられた。そしてこれが彼のライフワークとなったのである。一八五八年（安政五）に、俊輔は山縣《やまがた》小助（有朋）らと京に入っている。

この京入りは吉田松陰の策により、長州藩が行った諜報活動であった。大老・井伊直弼が、徳川斉昭《なりあき》、慶篤《よしあつ》、松平慶永《よしなが》などを処分して、オランダ、ロシア、イギリスと修好条約を結んだ直後に、朝廷と京の情勢を探ったわけである。諜報活動にあたったのは、足軽と奴《やっこ》から選んだ六人（の忍者・テロリスト）であり、その中に伊藤博文と山縣有朋が入っていたということである。伊藤博文は、この京における諜報活動のあと、長崎で洋式銃陣法を伝習している。

一八五九年（安政六）になると、桂小五郎（木戸孝允）とともに江戸へ行き、一〇月二七日に吉田松陰が刑死すると、その遺骸を同志とともに江戸の小塚原回向院《こづかっぱらえこう》に埋葬している。

一八六二年（文久二）七月、久坂玄瑞《くさかげんずい》らと諮《はか》って長州藩重臣・長井雅楽《うた》の襲撃を計画するが失敗し、一二月には高杉晋作らと英国公使館を焼き討ちし、山尾庸三《ようぞう》とともに、国学者・塙《はなわ》次郎を斬殺している。井上聞多《もんた》（井上馨）、野村弥吉、遠藤謹助、山尾庸三らと英国へ密留学をしたのは、その翌年の一八六三年（文久三）であり、士分にとりたてられたのは、この年のことである。

英国密留学もそこそこに、翌年には帰国して、外国艦隊との講和に奔走し、この年の年末には、長州の力士隊を率いて高杉晋作の挙兵に従っている。

以上が、一八六六年（慶応二）に孝明天皇が急死する以前の伊藤博文の行動である。ざっと見て感じるのは、違法事件への関与の多さである。伊藤が士分にとりたてられたのは、一八六三年だから、二二歳のときである。

つまり、二二歳までは士分ではなく、斬殺を含む違法事件に数多く関与していたということである。

そんななかで、いい意味で目立つのは、松下村塾に入って吉田松陰の教えを受けたことだが、この松下村塾が、鹿島説ではたんなる私塾ではなく、大変な問題を含んでいたのである。

次に、鹿島説における「松下村塾とは何か」と「吉田松陰の三つの理念」を見てみよう。そのうえで、伊藤博文は孝明天皇暗殺にどう関わったかに触れたい。

吉田松陰の松下村塾とは、どういうところであったか

松下村塾の塾長であった吉田松陰は、一八三〇年（天保元）に、長州藩士・杉百合之助の次男として萩郊外の松本村に生まれている。幼いころに、山鹿《やまが》流兵学師範・吉田大助の養子となり、叔父の玉木文之進らの教育を受け、一一歳で藩主に『武教全書』を講じて早熟の秀才であることを認められた。

一八五一年に江戸に出て、西洋兵学を学ぶ必要性を痛感し、兵学者の佐久間象山《しょうざん》に入門したが、勉強は進まなかった。同年末、許可なく藩邸を辞し、翌年にかけて水戸から東北、北陸と遊歴したため、士籍永奪の処分を受けたが、その代わりに一〇年間の諸国遊学の許可をもらった。

五三年のペリー来航に際しては、浦賀に出かけて黒船を目の当たりにし、佐久間象山に勧められて海外の状況を実地に見極める決心を固め、長崎でプチャーチン（ロシア提督）の軍艦に乗ろうとしたが果たせず、翌五四年（安政二）に、下田に来航していたアメリカ艦に漕ぎ着けたが、密航を拒否されて、岸に送り返された。

松陰は、江戸の獄に入れられたのち、長州藩に引き渡され、在所に蟄居《ちっきょ》させるとの判決を受けたが、身柄を引き取った長州藩は、萩の野山獄《のやまごく》に投じた。幕府に気をつかい、慎重にことを運んだのである。

在獄一年余で、生家の杉家に預けられることになるが、他人との接触は禁じられた。そんななかで、近隣の子弟が来たりして、幽室が塾と化した。松下村塾は、もともと長州藩士・玉木文之進が始めたものであり、それを外叔の久保五郎左衛門が受け継いだのだが、この時期に、その門弟で松陰のもとに来るものが増えたため、いつしか松陰が松下村塾の主宰者と見なされるようになった。

評判が高まるにつれて、萩の城下から通うものも現れた。久坂玄瑞と高杉晋作がその代表で、松下村塾の双璧と目され、久坂は松陰の妹と結婚した。

松陰の講義は時勢を忌憚《きたん》なく論じるところに特徴があり、彼の膝下《しっか》から益田親施《ちかのぶ》(右衛門介・須佐領主。俗論党により切腹)、桂小五郎(木戸孝允)、吉田稔麿《としまろ》(池田屋にて討ち死に)、伊藤博文、山縣有朋、前原一誠《いっせい》(萩の乱を起こし斬罪)などが出ている。

安政の大獄を強行した幕府は、松陰へも疑惑を持ち、江戸伝馬《でんま》町の獄に投じたのち、一八五九年一〇月、死刑に処した。

鹿島が整理した吉田松陰の三つの理念

一、長州藩が匿ってきた大室天皇による南朝革命論

鹿島説では、その吉田松陰の理念は、おおよそ次の三点であるとしている。

まず第一に、南朝革命論である。吉田松陰も水戸学の藤田東湖《とうこ》も、尊皇攘夷を主張したが、この場合の尊皇とは、南朝正系論に立った尊皇攘夷である。

南朝が正系であるにもかかわらず、孝明天皇のような北朝の天皇が天皇の座にあるのはおかしい。偽朝である京都北朝の天皇を廃して、正系たる南朝の天皇を再興しなければならない。

……そのように主張し、尊皇すなわち南朝革命論を打ち立てたのである。

ただし、同じ南朝革命論としての尊皇攘夷ではあるが、吉田松陰と藤田東湖では、その内容が異なる。吉田松陰が再興すべしとしている南朝は、長州が匿ってきた大室天皇家である。吉田松陰は、自身が「玉《ぎょく》」（天皇）を握っていたからこそ、南朝革命論を打ち立てたのである。

それに対して、藤田東湖が再興すべしとした南朝は、当然のことながら熊沢天皇家であった。

熊沢天皇家は、歴代にわたって水戸藩が匿ってきた天皇家であり、藤田東湖および水戸藩は、みずからが握る「玉」を担いで南朝革命を成立させようとしたのである。

攘夷についても、注意を要する点がある。鹿島によると、藤田東湖の主人であった徳川斉昭は、松平慶永にあてた手紙のなかで「攘夷なんかできっこない。自分は老齢だから、一生、攘夷と言って死ぬが、貴殿はそこのところをよく考えてほしい」と述べている。

藩主・徳川光圀《みつくに》の『大日本史』編纂に端を発した水戸学は、国学・史学・神道を基幹とした国家意識を特色とするが、それらが鮮明となり特色ある学風を形成したのは寛政（一七八九―一八〇一）年間以降である。

幕末の尊王攘夷運動に大きな影響を与えたのも、この寛政以降の水戸学であり、この時点での攘夷は、多分に家康の鎖国政策を擁護するためのものであった。

だから、たしかに徳川斉昭のように、それが不可能であることを知っていながら、立場上、攘夷を主張していた者がいたということは、大いにありうることである。

そのことがわからずに、攘夷原理主義的に行動したのが蛤御門の変であり、水戸藩の攘夷原理主義集団・天狗党なのであった。

二、徹底した民族主義と侵略思想

吉田松陰の三つの理念の第二は、民族主義である。鹿島昇は、この松陰の民族主義を「徹底した民族主義と侵略思想である」としている。

そして、次のような松陰の言葉を引いている。

「富国強兵し、蝦夷《えぞ》（北海道）をたがやし満州を奪い、朝鮮に来り、南地（台湾）を併せ、然るのち米（アメリカ）を拉《くだ》き（両手で持って折り）欧（ヨーロッパ）を折らば事克たざるにはなからん」

これは明治以降、途中までは実現できたことである。明治新政府は富国強兵に励み、蝦夷地を耕し、満州国を建てて実質的には支配し、朝鮮と台湾を併合した。

松陰は、その後アメリカを両手で持って折るべしとしたのだが、それはうまくいかなかった。満州を奪い、台湾と朝鮮とを併合したあと、日中戦争を行い、首都南京を攻略するも、蒋介石は首都を放り投げて逃げてしまい、戦争のゴールというものがなくなり、泥沼化してしまったからである。

日本は、そのような状態で大東亜戦争に突き進むことにより、腹背に敵を受ける二正面作戦となってしまった。日中戦争を行わず、あるいは適当なところで和平に持ち込み、国力を蓄えた上で、米を拉いていたならば、アメリカ本土はともかく、太平洋がある程度のところまで日本の海になっていた可能性は、なくはない。

そこまでいったならば、ヨーロッパともある程度の戦いはできただろうし、外交的に緊張関係を乗り切ったり、緩和したりすることも可能であったかもしれない。

戦後のいまの常識に照らせば、侵略は悪いことであるが、松陰の生きた時代は、欧米列強が世界支配を完成せんとする帝国主義の時代であった。この時代の帝国主義者は、それぞれの国では、領土を拡大し国に富をもたらす英雄であった。

松陰がもっと長生きをし、明治維新の成立を見、日清・日露戦争の勝利、満州国の建国、台湾と朝鮮の併合を見たならば、その後の国策や外交方針は大きく変わっていたにちがいない。

日本は欧米列強の世界支配を、最後のところで食い止めたわけであり、それができたのは日本に欧米列強と戦い、アジアを侵略せんとする思想と力があったからである。鹿島説は、侵略はすべて悪としているが、一方でアジアの大国であるインドや中国までもが実質的に欧米の植民地にされてしまうなかで、幕末から明治・大正・昭和初期まで、日本が独立を保つことができたのは、松陰の「徹底した民族主義と侵略思想」が、明治の元勲《げんくん》のなかに生きていたからだという点は否めないとしている。

日本は、大東亜戦争に敗れて七年近くもアメリカ軍を中心とする連合国軍に軍事占領されることになるが、このときには松陰の「徹底した民族主義と侵略思想」が心のなかに生きていた明治の元勲は、一人も生き残っていなかった。

松陰の「徹底した民族主義と侵略思想」が日本のなかから潰《つい》え去ったとき、ことの善し悪しは別にして、日本の軍事力も潰え去っていたのである。

三、部落の解放（これを全アジアに広めようとしたのが大東亜共栄圏）

吉田松陰の三つの理念の第三は、第二の民族主義と矛盾するようだが、「解放」という理念である。この点に関しては、「長州藩の奇兵隊は、部落解放の夢に燃える若者が中核をなしていた」という私（松重）の研究が基礎となっている。

奇兵隊のなかでも、とくに注目すべきは力士隊である。伊藤博文は、実はこの力士隊の隊長だったのである。この時代の力士というのは弾体制（いわゆる同和）に従属していて、部落と密接に関係しているか、あるいは部落そのものであった。

さらに、力士隊のあった第二奇兵隊の屯所《とんしょ》は、麻郷《おごう》近くの石城山《いわき》にあった。麻郷はいうまでもなく大室天皇家のあった場所であり、明治天皇となる大室寅之祐が明治維新の前年まで過ごした地である。

つまり、麻郷を共通項として、力士隊と伊藤博文と大室寅之祐（明治天皇）は、つながるのである。それればかりではない。大室寅之祐（明治天皇）は、大の相撲好きだったが、それもそのはずで、力士隊長・伊藤博文や力士隊のメンバーらと、よく相撲をとっていたのである。『中山忠能日記』に「明治天皇は奇兵隊の天皇」と述べた箇所がある。これまで、それは「薩長連合によって生まれた天皇」というように解釈されることが多かった。明治天皇と奇兵隊に直接の関係があるなどとは、想像だにできなかったからである。しかし、明治天皇すなわち大室寅之祐は、奇兵隊と直接関わっていたわけであり、この記述は文字どおり「奇兵隊の天皇」という意味なのである。

尊皇攘夷の真の意味は、南朝革命であることはすでに述べたが、吉田松陰にとっては、それはすなわち「奇兵隊の天皇」を再興することにほかならず、それは部落を解放することをも意味した。そして、明治維新によってこれらのことは実現されたのである。

さらに、この「解放」を全アジアに広めようとしたのが大東亜共栄圏であり、その精神が八紘一宇なのである。八紘一宇は、次の三つを特徴とする。

1、日本は神国であり、皇祖・天照大神《あまてらすおおみかみ》の神勅を奉じ、「三種の神器《じんぎ》」を受け継いできた万世一系の天皇が統治してきた（天皇の神性とその統治の正当性、永遠性の主張）

2、日本国民は古来より忠孝の美徳をもって天皇に仕え、国運の発展に努めてきた

3、こうした国柄の精華は、日本だけにとどめておくのではなく、全世界にあまねく及ぼされなければならない

前段の二つは真っ赤な嘘である。しかしながら、結論の部分はアジアの「解放」、被抑圧民族の解放につながる思想である。

孝明天皇は、伊藤博文が刺殺したのか？

幕末に、暗殺の実行部隊に忍者が選ばれるのは自然なことであった

戦国時代は血統を重んじる源平武士団が敗北して、賤民が天下を奪った時代であった。秀吉は「はちや」部族の出身であったが、長じて「軒猿《のきざる》」といわれる下忍（下級忍者で、実戦部隊）となっ

た。秀吉は大返し（本能寺の変を知った秀吉が備中から姫路城まで大急ぎで戻った一件）によって明智光秀を討ち、さらに引き上げると見せかけて、柴田勝家を奇襲攻撃して破って、ついに天下をとるが、この二つの戦の兵法は、ともに忍者戦法であった。

はちや部族のルーツは、月山《がっさん》の山麓にすむ蜂屋《はちや》賀麻党（兵役もつとめる芸人集団）であり、文明一八年（一四八六）、尼子経久《あまこつねひさ》が七〇名ほどの賀麻党の者を万歳師《ばんざいし》（新年を言祝《ことほ》ぐ祝福芸人）として富田月山城に繰り込ませ、裏口から放火して城主を討ち取ったという史実があるから、はちやという人々が、賤民といっても万歳師でもあり忍者であったことがわかる。

毛利藩も乱破《らっぱ》の術（情報収集や破壊工作）を得意としたが、これも忍者戦法である。当時の山陰山陽地方は、はちや系の忍者がいっぱいいたと見るほうが自然であり、毛利元就の好敵手であった尼子《あまこ》藩もまた忍者の軍団を中核としていた。

このような忍者によって、長州藩では邪魔になった者はたとえ権力のトップにあっても、毒殺できる技術が、江戸時代にはほぼ完成していた。一八三六年（天保七）、斉熙《なりひろ》、斉元、斉広《なりこう》と、三人の藩主が相継いで変死しているが、これらはおそらく毒殺であったろう。

こういう藩の藩主になったならば、実力者に対して、うっかり逆らえば、すぐさま毒殺されかねない。だから、長州藩主は「そうせい候」（何を言っても「そうせい」と返事をするので、こう呼ばれた）という態度をとるようになったのである。

こうした忍者の伝統は幕末まで連綿として続いていた。薩長の密約によって、将軍家茂と孝明天皇を暗殺する際、実行部隊として長州の忍者部隊が選ばれたのは、むしろ自然な流れというべきである。

伊藤の刀剣趣味と忍者刀（『明治維新の生贄』より抜粋）

伊藤俊輔は、明治の世に伊藤博文と名乗るようになって、趣味としての書画骨董《しょがこっとう》などには深入りしなかったが、刀剣類の鑑識眼は相当なものであったらしい。晩年には名刀も数十本所有し、そのなかには国宝級のものもあって暇なときには夜半電灯に照らし、刀剣のにゅう匂《こう》などを点検するのが道楽であったという。

梅子夫人は維新のころ、萩城下に同伴したとき、俊輔が夜間外出する際には曲がり角などでいつ刺客に襲われるかもしれないと、用心のため抜き身の刀を後手《うしろで》に持って同行したという。そのため、夜中の室内で電灯の光に反射する抜き身の刀を見るたびにそのことを思い出して、「嫌でたまらなかった」と娘の生子《いくこ》に語っている。

そのためかどうか、維新のころ愛用していたという「忍者刀」が俊輔夫妻の手許を離れ、本家の林家の係累に預けられたまま伝承されているのをこのたび確認した。

平成九年（一九九七）九月二日、博文の遺品や直筆の手紙などを集めた「伊藤公資料館」が、山口県熊毛郡大和町束荷《やまとちょうつかり》の伊藤公記念公園内にオープンした。同町が公の生誕一五〇年記念事業の一つとして新築整備したものであるが、あらかじめ公の遺族、親族のほか一般へも広く呼びかけて資料の収集に努めた。

林家の妻ヤスの孫娘・静子（祐美子）の夫・村上靖男君も、それを機会に義父の遺品を調べることにして、蔵の中の遺物箱を開けてみると、その底に一本の刀があった。この刀は未登録であったので、早速平生《ひらお》警察署を通じて県に連絡したところ、文化庁の係官が来て鑑定してくれることになった。

平成七年（一九九五）二月、県庁の一室に持参して、まず刀の銘を見ようとして柄《え》を抜いてみると、普通の刀の根元を切って短くつくり直しているために銘の部分が消えていた。刀身の長さは普通の刀と脇差の中間ぐらいになっており、室内や樹林の中などでも自由に使えるように工夫されていた。

そのとき、刀身をじっと見ていた文化庁所属の鑑定人が、「この刀は人を斬った刀で、刀全体に脂がべっとりとついていますね」という。脂には塩気があるから、人を斬ったあと拭わずに鞘に納めると中が汚れる。そのまま一〇日も放っておくと刀に錆が出て、次の斬り合いのとき折れることもあるという。

だから、人を斬ったあとには必ず鹿のなめし革で刀を磨くようにして拭わねばならない。鹿革は五回も使うと汚れてしまうので、心得のある武士は常に三枚の鹿革を懐中にしていたといわれている。俊輔もそのことは十分に知っていて、この刀も鹿革でよく拭ったのち鞘に収めていたようで、鞘から出すときはすんなり抜けた。

しかし、長年の間にジワリと脂が浮き出して刀身全体がどす黒くなり、所々に泡のような錆状のものが付着している。この刀はそれほど多くの人の血を吸っているもので、やはり維新動乱の時代に幾度となく使いこなされた「忍者刀」に違いない。調べてみれば孝明天皇の血痕も出てくるかもしれないのである（口絵写真参照）。

昔から人を斬ったあとには、無性に女性を抱きたくなるものだというから、博文が無類の女性好きになったのは暗殺専門の志士として麻薬患者のような殺人常習者と化していたからであろう。

さて——

一、この刀は明治のはじめ、林惣左衛門のところへやって来た俊輔が、「すまんがこれを預かっておいてくれ」と言って渡したままになっていたもので、爾来門外不出の家宝として、林惣左衛門→次郎（その次男）→ヤス（次郎の妻）→芳雄（次郎とヤスの子・武田芳雄）→静子（芳雄の末娘・村上祐美子）と伝承され、保管されてきたものであった。

村上君は、「人を斬った刀とわかれば気味が悪いし、展示するわけにもいかんから家に置いておこう」といって箱に納め、資料館には提出していない。

二、町の調査報告によれば、「資料収集に努力したけれども、俊輔の一八歳から二四歳までの間の手紙や書などは、今まで知られているわずかなもの以外は全然出てこなかった」という。

この二つの事実は何を物語るのであろうか。筆者（鹿島）もこの稿を書き進むうちに、維新の志士（俊輔たち）の活躍が彼らの青春時代を賭けた決死のテロ活動であり、そしてその活動が維新後に歴史から抹殺されたことをひしひしと感じるのである。

宮崎鉄雄氏による決定的な証言

こうして鹿島は、伊藤博文による孝明天皇刺殺の可能性を唱えたのだが、それを裏付ける証言をする人物が鹿島の前に現れた。作曲家の宮崎鉄雄氏である。

宮崎鉄雄氏の父は、渡辺平左衛門章綱といって、幕末、伯太《はかた》藩一万三〇〇〇石の小名として大阪城定番《じょうばん》を勤めていた。渡辺家は、もともと嵯峨天皇の末裔であり、宮崎鉄雄氏はその渡辺平左衛門の子供として一五歳まで育てられ、のち、宮崎家の養子に出されている。

宮崎氏によると、平左衛門は、徳川慶喜の命を受けて孝明天皇暗殺の犯人を調べていたが、それが岩倉具視と伊藤博文であったことをつきとめた。しかし、そのために伊藤博文から命を狙われる羽目になり、実際、長州人の刺客に稲佐橋の付近で襲われて重傷を負った。

その平左衛門の遺言として、宮崎氏は鹿島に次のように語った。

「父が語ったところでは、伊藤博文が堀河邸の中二階の厠《かわや》に忍び込み、手洗いに立った孝明天皇を床下から刀で刺したそうです。そして、そのあと邸前の小川の水で血刀と血みどろの腕をていねいに洗って去ったということでした」

さらに、宮崎氏の話では、伊藤博文が忍び込むに際しては、あらかじめ岩倉具視が厠の番人を買収しておいたという。だとすれば、岩倉具視が伊藤博文を手引きしたことになる。

たしかに、暗殺がプロの伊藤博文といえども、天皇の厠に忍び込むのは危険このうえなかっただろうから、だれかの手引きがあったにちがいない。そうした手引きができるのは、孝明天皇に近い人物にちがいなく、その意味で、岩倉具視が手引きしたという話は説得力がある。

宮崎鉄雄氏がこの話を鹿島にしたとき（一九九七年七月）、すでに宮崎氏は九七歳になっており、それまでずっとこの証言を世に出すかどうか迷っていたそうだが、鹿島曻の著書を読んで公表する決心をしたとのことであった。

「日本の歴史家に鹿島氏のような勇気があれば、日本史がウソ八百で固められることもなかったろう」

と、宮崎氏はその著書の中で語っている。

第三章

異端の歴史家の素顔

一八歳で徴兵検査を受けた年に、終戦を迎えた

鹿島昇は、大正一五年（昭和元年）、横浜市に生まれた。父は弁護士で、実家は何千坪もの土地を持つ大地主であった。

終戦を迎えたのは一八歳のときであるが、この年に鹿島は徴兵検査を受けている。終戦があと一年延びていたならば、戦地に赴いていたかもしれない。

終戦を境として、それまで天皇陛下万歳だとか鬼畜米英などと言っていた連中が、ガラリと変わるのを目の当たりにし、人間というのは状況で変わるものだということを痛感する。それと同時に、権力というものは国民を騙すものだということもよく理解する。

戦後初代の首相・東久邇宮稔彦《ひがしくにのみやなるひこ》は、終戦直後の一九四五年八月二八日に記者会見を開いて、次のように述べた。

「敗戦にいたったのは、政策がよくなかったからでもあるが、国民の道義がすたれたのも原因の一つである。国民全体が徹底的に反省し、懺悔しなければならない。一億国民が総懺悔することが再建の第一歩である」

いわゆる「一億総懺悔」論であるが、これについて鹿島は、『昭和天皇の謎』（新国民社）のなか

で、次のように激しく反発している。

責任には軽重があり、順序というものがあるではないか。……召集令状一枚で戦場に駆り出されようやくにして生還した一兵卒の責任と、大本営に陣どって戦略戦術にたずさわっていた大将や大佐の責任とでは、その重さは問うまでもなくちがう。……戦争に導いた天皇の側近やときの政権、軍閥、財閥、官僚、御用学者、御用マスコミ、御用宗教などの責任を、庶民のそれと同一視することはできない。そこで、問題は天皇である。

ちなみに、東久邇宮は、久邇宮朝彦《あさひこ》親王の第九王子・稔彦《なるひこ》王が、一九〇六年（明治三九）に創始した宮家である。

明治には一四あった宮家も、大正年間に有栖川宮、小松宮、華頂《かちょう》宮が継嗣《けいし》を欠いて廃絶し、一九四七年（昭和二二）に、伏見、閑院宮、山階《やましなのみや》宮、北白川宮、梨本宮、久邇宮、東伏見宮、竹田宮、賀陽《かや》宮、朝香宮が、東久邇宮とともに皇籍を離脱し、宮家の歴史を閉じている。

現在は、秩父宮、高松宮、三笠宮、常陸宮、高円《たかまど》宮、桂宮、秋篠宮の、七つの宮家が存続している。

一〇年近く弁護士をやったあと、「天皇制の研究」を思い立つ

わずかの差でからくも徴兵を免れた鹿島は、すくすくと成長して体格はかなり立派になり、高校時代から空手をやっていたので、ケンカも強かった。

早稲田大学に入学すると、その腕っぷしに磨きがかかり、戦後流行のいわゆる「ツッパリ」となった。

鹿島は、なにをやっても徹底するタイプなので、そのツッパリぶりは、硬派の学生組織や組関係にもよく知られるまでになったそうである。

だが、そのツッパリも、ケンカによる仲間の死亡などを見て感じるところがあり、一年半ほどでやめている。

早大時代には、勉強も相当にやったらしく、法学部在学中に司法試験に合格している。成績が優秀で、大学に残らないかとの誘いもあったが、卒業して弁護士となる。

一〇年近く弁護士をしているうちに、だいたいのことはわかるようになった。さまざまな事件を扱うわけだが、それもいくつかのパターンに分けることができ、あとはそれぞれに当てはめて具体的な部分を変えていけばよいので、新味がない。弁護士としては、そうなったあたり

から、多くの仕事をこなすことができるようになり、ベテランの域に達するということになるのだろうが、鹿島はそれを嫌った。

鹿島は、弁護士として脂がのり始めた時期に、「天皇制の研究」を思い立ち、東大工学部出身の異色の歴史家・浜田秀雄の門下生となって、古代史の研究に取り掛かった。

国史もそこそこに、いきなり「韓国の歴史」の研究に取り掛かる

いまの日本で歴史学者や考古学者になるためには、まずは学生時代に文学部に所属し、必要な単位を取り、教授の指導を受けて卒論を書くというのが一般的なやり方だ。そのあと、大学院に進んでまた教授の指導を受けて研究し、担当教授の跡を追いながら自分なりに研究を深めて、助手になり、講師になり、助教授になるわけである。

そのような過程を経て、歴史学者や考古学者が誕生するので、『古事記』『日本書紀』を中心とした「国史」の強い影響は避けられない。たとえ途中で、「これはつくられた歴史であり、実際の歴史とはちがうのではないか」との疑問を持っても、若い日に懸命に勉強したものであるから、そこから抜け出すのは至難の業だ。おそらく、『古事記』『日本書紀』の強い影響を脱した日本の歴史学者や考古学者というものは、鹿島以外にはいないのではないか。

鹿島は、もともとが法学部なので、歴史については「一般常識程度の国史認識」しかなかったことがかえって幸いし、『古事記』『日本書紀』の呪縛から逃れることが容易であった。

それに、師事したのが東大工学部出身の異色の歴史家・浜田秀雄であったので、いきなり「韓国の歴史」の研究に取り掛かった。そのことにより、『古事記』『日本書紀』中心の「日本の歴史」というのは、実は「朝鮮の歴史」を元にした翻案であるということをはっきり認識できたのである。

『倭と王朝』が大評判となり、貴重な韓国の古文書類を託される

鹿島の処女作は、『倭と王朝』である。一九七八年(昭和五三)に、新国民社からこれを出版したところ、韓国で大評判となり、朴蒼岩《ボクソウガン》や李裕岦《リユウリツ》と知り合うことになる。そして、彼らから貴重な韓国の古文書類を委託されたのである。

朴蒼岩や李裕岦としては、かつて神武以前に「天《あめ》の王朝」という先王朝があり、日本列島を支配していたことを明らかにした鹿島ならば、韓国の古文書類も解読できるはずと期待したのであろう。

その韓国の貴重な古文書類は、当然のことながら全部白文《はくぶん》(句読・訓点を施さない漢文)である。そ

の当時の鹿島は、白文を十分に読むだけの力はなかったので、日本の著名な漢文の大家や中国語の教授、あるいは有名な歴史学者などの門をたたき、ひたすら解読をお願いした。だが、これを引き受けてくれる者はいなかった。

ならば、自分でやるしかないと、鹿島は漢文の勉強を始め、韓国の古文書類の翻訳と解読に取り掛かった。まさに心血を注ぐ大変な苦労を経て『桓檀《かんだん》古記』(注)は彼の手により全訳され、詳細な注釈付きで出版された。

『桓檀古記』の邦訳は、韓日両国にわたる画期的な事業であったが、そのなかには驚くべき史実が内包されていた。とくに「AD二一四年、イワレヒコ＝神武が九州糸島郡に上陸して伊都国を建てた」という箇所にさしかかると、さすがの鹿島も眠れぬ夜が何日も続いたという。

『桓檀古記』の解読と邦訳は、韓国にも「檀君朝鮮の古代史」を見直すことを強いることとなった。そうするためには、中国史も見直さなければならず、司馬遷の『史記』がオリエント史の漢訳であり、「偽史」であることを証明する必要性も生じた。

鹿島は、これらの作業に真正面から取り組み、次々と力作を発表し、読者を集めてシンポジウムを開いた。

そうして、アジアの歴史を全面的に検討し直すとともに、世界史そのものをも構築し直すという大事業をなすに至ったのである。

注・『桓檀古記』は、李氏朝鮮の初期（一四世紀頃）に編纂された史書。檀君朝鮮、馬韓、弁韓（番韓）、辰韓、扶余《ふよ》、高句麗、渤海、高麗史のほか、三一神話《さんいちしんわ》などの太白《たいはく》教文書がある。ウガヤ王朝が檀君朝鮮であり、天皇家が扶余王家イコール百済王家そのものであったこと、および邪馬壱国（邪馬台国）の所在などが明確に記されていて、鹿島による優れた注釈付「全訳」が出版されている。

『桓檀古記』邦訳は韓日両国の宝

『桓檀古記』邦訳の偉業に対して、朴蒼岩氏は『歴史と現代』（新国民社・季刊誌・一九八〇年夏号）の巻頭論文「日本国民に告ぐ――歴史の略奪者は誰か」で、次のように述べている。

そもそも韓民族の歴史を抹殺することが、日本の国策であったらしい……ということは久しく主張されていた。例えば高句麗の英主・広開土王《こうかいどおう》は、倭王（天皇のことである）を伐った功績のために、はるか後世の明治時代に、日本の憲兵・酒匂大尉によって碑文を破壊されてしまった。

この破壊の理由は、日本の天皇家が高句麗と対立していた百済人であったからで、そのことはすでに、心ある韓国史家の間では通説になっていたのだが、日本の偽史活動の内容とか目的は必ずしも明瞭ではなかった。

文定昌氏は、一九七〇年、その著『日本上古史』において、大和の国号は新羅真徳女王の年号の太和であることを指摘し、さらに『旧唐書列伝三四劉仁軌伝』に、「唐の熊津都督・劉仁願《りゅうじんがん》が、扶余豊、北にあり、扶余勇、南（筑紫）にあり、百済の復国を策す……よろしく宥恕を以て包容すべしと献策した」とある記録を根拠にし、紀元六六三年、白村江の決戦で敗北した扶余勇が、天智となったことを主張した。

『三国史記』文武一一年紀によれば、白村江における日本側の船団は千隻であったが、『旧唐書百済』によると、白村江では、「（唐は）其（倭）の舟四百を焚き、賊衆大潰す。扶余豊脱身して走る」となっている。したがって、扶余豊とともに、白村江から九州に脱出した百済軍は、六百隻の兵力であったはずである。

日本でも一九七六年、佐々克明氏は『天皇家はどこから来たか』において、天武は新羅の金多遂であると主張した。

一九七八年、鹿島昇氏は『倭と王朝』において、『東日流外三郡誌《つがるそとさんぐんし》』が、神武王統と孝元・

開化王統を別王朝であるとすることから、皇統譜が百済と駕洛《から》の両王統を合成したものであると指摘し、天智天皇は百済の末王・扶余豊であると主張した。

実は、私と鹿島氏との間において、天智王朝が百済の亡命王家であることについては、議論に値しないほど自明の理であるというコンセンサスがあったのだが、日本側の史学者は必ずしもこれを認めていないように見受けられる……（中略）。

韓国には、日本の神道の源流にあたる仙教（弘益思想）という固有の民族信仰があって、天符経・神市開天経・三一神話・参佺戒経《さんせんかいきょう》等を聖典とし、古来その信仰を守ってきたのだが、海鶴《かいかく》、李沂《りぎん》、雲樵《うんしょう》、桂延寿《けいえんじゅ》を中心とする仙教の流れを汲む太白教の老師たちが激しい弾圧と掠奪に抗して、命がけで『桓壇古記』などの一連の史書を現代に伝えたのである。これらの史書をひもとくと、偽史シンジケートが韓国の史書を追求して略奪した理由は、手にとるようにわかる――ここには、日本史における各王朝が、すべて半島からの移住者であることが記されているからである。

例えば、百済の東扶余王・解夫婁《かいふる》の一族が海を渡り、熊本で多羅国を建て倭王となったこと、イワレヒコの神武が伊都国《いと》（今の福岡県前原市辺りにあったと考えられる、邪馬台国に次ぐ有力国）の祖王であること、東扶余の末王・依羅《いり》らが南下して崇神になったことなどの記載があり、これらの事実を総合すると、天皇家は天智天皇のときにはじめて百済系になったのではなく、そもそものスタートから、高句麗の分派である百済人が倭王であったため、百済史を天皇家の歴史としてつくり変えていたことがわかる……（中略）。

　正当な史観に基づけば、韓日両民族が血を分けた同胞だったことは明らかではないか。

　我々が糾弾し、告発してやまなかった偽史シンジケートすら、その『朝鮮半島史編纂要旨』には、「帝国と朝鮮との関係は人種相同じく、その制度も分立するに非ず」と記していたのである。だから彼らは、日本の天皇家と、それを支持した豪族たちが、すべて韓民族であったこと、彼らはその子孫として韓半島に逆流し、共通の史書を破壊していることを自覚していたのである。早稲田大学教授・津田左右吉は、日記にチャンやヨボと書いて、韓華両族を侮辱し、選民思想によって彼の史観をつくったのであるが、のちに『シナ思想と日本』において、シナを差別し、韓民族を差別から外している。津田はこのとき天皇家の真相を識《し》ったのではないか……（中略）。

　最も古い歴史を持つ我々韓日両民族が、偽った歴史によって未来を求めるならば、未来には確実に破滅が待っている。正しい歴史を先例とするならば、未来は永遠である。韓民族が団結していたときは隋軍すら侵略できなかったのに、白村江で敗れたのは、韓倭両民族が分裂したからである。この歴史の教訓を我々は忘れてはならない。

鹿島氏は、このことが『旧事紀』の天孫本紀に、ニギハヤヒノミコトが水軍を率いて哮《いかるがの》峰《みね》に天降《あまくだ》ったとなっていることを指摘した。このようにして、日本人は韓民族から分かれて、倭の三島に建国したのである。韓民族の移住がなければ、日本列島には銅鉄文化もなく、神道も武士道もなかったはずだ。韓系諸族の移住当初は混乱があっても、百済の大移動を境に日本はその後長く自立することができた。
＊（　）内は、松重による書き込み。ルビも松重がつけた。

古史古伝学者・吾郷清彦も『桓檀古記』全訳を激賞

一九八一年、シルクロード正史・全訳『桓檀古記』が新国民社から出版され、その巻頭に古史古伝の先学者・吾郷清彦氏は「刊行に寄せて」という推薦文を寄せた。吾郷氏は鹿島の壮挙を讃えて、「われわれ同学の誇りである」と激賞した。

鹿島君は本書（『桓檀古記』）を研究して、(1)檀君桓因と桓雄のモデルがオリエントのダゴン神とバアル神であること、(2)檀君朝鮮の実体はカッシト、ウラルトゥ、バクトリア、趙史であり、しかもわれわれのウガヤ王朝史でもあること、(3)北扶余史の前期は檀君朝鮮の継承者であり、中期は陜野候褎幣命《キョウノコウハイヘイメイ》の穢国《かいこく》（サカ殷）史となり、そのおわりに陜父《きょうふ》が熊本に移って多婆羅《たばら》国をたてたこと、この陜父が国史のニギハヤヒの義兄弟であり、北扶余史の後期の末に依慮王が鮮卑に敗れたため、子の依羅が逃れて倭王となって崇神となったこと、などを解明された。

本書に扶余王・依羅（ミマキイリヒコ）が倭国に逃れるとき、一部のものが沃沮《よくそ》に残ったとあるが、この人々はのちに大祚栄（宝蔵王の子・高徳武ともいう）によって渤海（後高句麗）をたて、武王のとき聖武天皇に国書を送って、「（渤海と日本は）本枝関係がすでに百世になんなんとしている」と述べている。この国書を認めれば、扶余王・依羅（崇神）のとき朝鮮に残った人々が渤海となったから「本」であり、九州に移った崇神の子孫が倭王となったから「枝」であることになるであろう。

このほか、本書の内容については、鹿島君が深い研究成果を発表しているから、架を加えることはさし控えたいが、私としては、日本古代文字の一種アヒルモジの原形たるプロト・ハングル（原始諺文《オンモン》）が、『桓檀古記』に収録されていることを指摘しておきたい。

この古代文字は、わずか三十八字しか載っていないが、貴重な神代文字資料である。私の研究によれば、このプロト・ハングルがつくられた年代は、韓国古代暦の神市開天一七一五年であり、前二一八三年にあたる。これはまさに、気の遠くなるような超古代である。このような時代に文字が存在したのは、オリエント社会以外にはないから、本書を究明していくと、おのずから世界最古の文明といわれ、前八〇〇〇年を上限とする古代メソポタミア文明にたどり着くことになるのである。

先に述べた『富士宮下文書』は天竺《アマツ》真郡洲《マグリコク》（ペルシアの東北部）をウガヤ王朝の故地と伝えているのであるが、ユーフラテス河支流のケルカ河畔にあるスサをス尊（スサノオ）の生誕地と考えた学者もいた。

このように考えると、鹿島君の日本の文化と民族の原郷がメソポタミアにあったという説は、かならずしも否定できないであろう。

また、本書を精読すると、古代に、韓国と九州とが深く結びついていて、かつて倭人といっていた日本民族が、「北倭」として古代アジア大陸の東北に存在していた事実を知ることになる。したがって古代日本民族は、韓、満、蒙などの諸民族と共存していたのである。

まことに本書は、度重なる焚書によって失われた古代の史実を伝え、韓民族と倭人のルーツを教えるアジアの至宝であるということができよう。

私はここに、その時々の権力者によって都合よくつくられた『記紀』のような史書のみにとらわれていては、島国的世界史観しか出てこないことを強調したい。私は、かつてこれら古典四書の呪縛を抜け出して、古伝・古史・異録の各四書というレパートリーを設定し、史学の分野を拡大することを提言して、憂国の人々の賛同を得た。

ところが、『倭人興亡史』（契丹古伝）や『桓檀古記』などを研究すると、日本の国内からみた右文書群に対して、国外からみた「大東四書」というものを考えざるを得なくなった。すなわち右両書とはカロシティ文字の『干闐《ホータン》秘録』（インド北部、崑崙山北麓の干闐国史）及び西域で記録された『宝巻変文類』のことである。

このように考えると、いま鹿島君によって先鞭をつけられた本書の研究は、わが国古代史学を大いに発展させるとともに、韓国史学をも刺激し、さらにアジア史を、したがって世界古代史の真相をも明らかにするであろう。

予言者は故郷に入れられずといい、先駆者の道は厳しいともいう。史学にコペルニクス的転換をもたらす鹿島史学は、神がかりな一部人士はもとより、虚構の史学によって生活している人々からの反対もあろうが、私は日本民族がいつまでも真実を奪われていることは不可能だと信じたい。

鹿島君が心血を注いで四万字の白文を解読し、先人未到の注解を付してここに全訳『桓檀古記』を刊行し、李、朴両氏の信託に報いたことは、いくたびかの焚書によって、今日まで隠され、歪められたアジア史に初めて科学的基礎を与えるものであり、明治政府が韓民族の歴史を掠奪したことに対して、日本の学徒としての責任を果たしたことでもあり、われわれ同学の志の誇りとするところである。

スケールの大きな「鹿島史学」を広めるには、短すぎる一生であった

『桓檀古記』以降の鹿島の歩みについては、その著書群がなによりも雄弁に語っているので、パーソナルヒストリィは、ここまでとしたい。

次に、第四章から第八章まで（すなわち本書の大半）が、第一章から第二章に継いで、鹿島の著書の紹介と私のささやかな注釈と補筆である。

鹿島は、二〇〇一年四月二四日、七五歳で惜しくも病死した（腎臓炎で）。

彼は生前「時間と金が欲しい」としきりに言っていたが、「鹿島史学」をもっと世に広めるためには両方が必要であり、その意味で、彼にとってはあまりにも短い一生だったのであろう。

第四章

「倭人＝日本民族」ではない

『バンチェン／倭人のルーツ』で、世界の古代史を覆した

一九六七年、農耕文明の発祥地・バンチェン遺跡が発見された

一九六六年から六七年にかけて、タイ芸術局とペンシルバニア大学が、タイ北東部、ウドンタニ県のバンチェン（Ban Chieng）村を調査し、低い台地上の集落内に墓地遺跡を発見した。

その遺跡は、青銅器時代の所産とされ、熱ルミネッセンス法（加熱された土器などが発する蛍光から年代を測定する方法）による年代測定の結果、約八〇〇〇年から七〇〇〇年前の遺跡らしいということがわかり、世界的に大変な注目を集めた。七〇〇〇年以前の遺跡ならば、世界最古の遺跡ということになるからである。この遺跡は、その地に住むラオスからの先住民によってすでに知られてはいたが、彼らはその歴史的価値を見出せなかったため、歴史上の発見者は、アメリカの人類学研究者スティーブン・ヤングとなった。

その五年後の一九七二年に、バンチェンで第二次発掘調査が行われ、その結果、三六〇〇年以前であることは確実だが、それをどこまで遡れるかは不明であるとされた。ことによると、八

○○○年から七〇〇〇年前であるかもしれないが、はっきりそうだと断定することはできない。しかし、三六〇〇〇年以前であることはまちがいないというわけである。

八〇〇〇年から七〇〇〇年前と、三六〇〇〇年前とでは、三〇〇〇年以上も差があるのだが、後者であったとしても、バンチェン遺跡は実に貴重な遺跡である。なぜならば、タイ族が最初の国家スコータイ朝を建設したのは、一三世紀の前半のことであり、バンチェン遺跡の発見は、それよりもはるか以前に、この地に農耕民族が存在していた証拠となるからである。

それに、バンチェン遺跡は、第二次発掘調査後も、「東南アジア最古の農耕文明」の発祥地と見なされている。

縄文時代の初期、彼らの一部は日本列島に移住した

バンチェン遺跡から出土した土器は、まず黒色で刻文による渦巻文のものがあり、次に幾何学文を刻んだ上に彩色したものへと移り、さらに刻文なしの彩文となり、赤いスリップのみのものへと変化したといわれる。

幾何学文を刻んだ上に彩色した有刻彩文の時期に鉄が導入され、バンチェン陶と呼ばれる彩文土器の登場は鉄器時代とされている。問題は、その鉄器時代がいつごろかということだが、当

幾何学文様のある彩陶

渦巻き文様のある彩陶

年輪あるいは貝殻状文様のある彩陶

（チン・ユデイ著 “The painted pottery of Ban Chiang” より）

饕餮紋卣

饕餮《トウテツ》紋高足杯

（陝西省考古学研究所編『陝西省出土商周青銅器1』より）

初は前一六〇〇年くらいからはじまっていて、彩文土器の出現はその後六〇〇年ほど経った紀元前一〇〇〇年あたりであるとされた。

それが、のちに年代測定法自体への疑問、サンプル採集法の適否、層序《そうじょ》（地層が形成された順序）的把握の不十分さなどのことが指摘され、確実なのは「六五〇〇年から三六〇〇年前」までということになった。

鹿島は、そのバンチェン遺跡こそが、アジアとオリエントを結ぶ南海シルクロードの「踊り場」であり、「のちに分化する世界中の文化の原型がここにあった」と主張した。

『バンチェン／倭人のルーツ』（一九八一年）によると、まずバンチェン文化とは、ヒマラヤ山麓系の自然銅採集による金石器文化（新石器末期文化）と、ニューギニア付近からアラフラ海に至る南海の海人文化とが混合したものである。そのバンチェン文化が、「のちに分化する世界中の文化の原型」であったということは、日本の縄文土器、弥生土器に影響を与えたということである。

それは、いかにしてなされたか。

バンチェン文化を日本に伝えることができたのは、南海の海人たちをおいてほかにいない。だが彼らは、バンチェン文化を伝えるために日本列島にやってきたわけではない。彼らは、縄文時代の初期に日本列島に移住し、その結果としてバンチェン文化が日本に伝わったのである。

超古代の太平洋文化の発展が、世界の文明を生んだ

縄文土器というのは、文字通り縄文時代の土器の総称だが、その名はモースの大森貝塚発見に由来する。一八七七年に、大森貝塚を発見したモースは、そのなかの縄目文様を持つ土器をcord marked potteryと名づけた。これが和訳されて「縄文土器」となったのである。

縄文土器は、日本列島のほぼ全域に分布するが、縄文時代の早期の縄文土器は、円形の尖底《せんてい》と丸底深鉢といった単純な形態のものがほとんどであり、それらは食物を煮炊きするために用いられた。

縄文時代の前期に入ると、煮炊き用以外に、貯蔵用の壺や盛りつけ用の鉢などがつくられるようになる。これらは中部地方、関東地方に普及していて、一部近畿地方にも波及したようである。

それが、中期になると、大型の鉢のほか、有孔鍔付《つばつき》土器、釣手土器、双口土器、器台など特殊な形式が増加し、後期以降に注口土器や香炉形土器などが加わり、縄文時代の晩期へと続いていく。

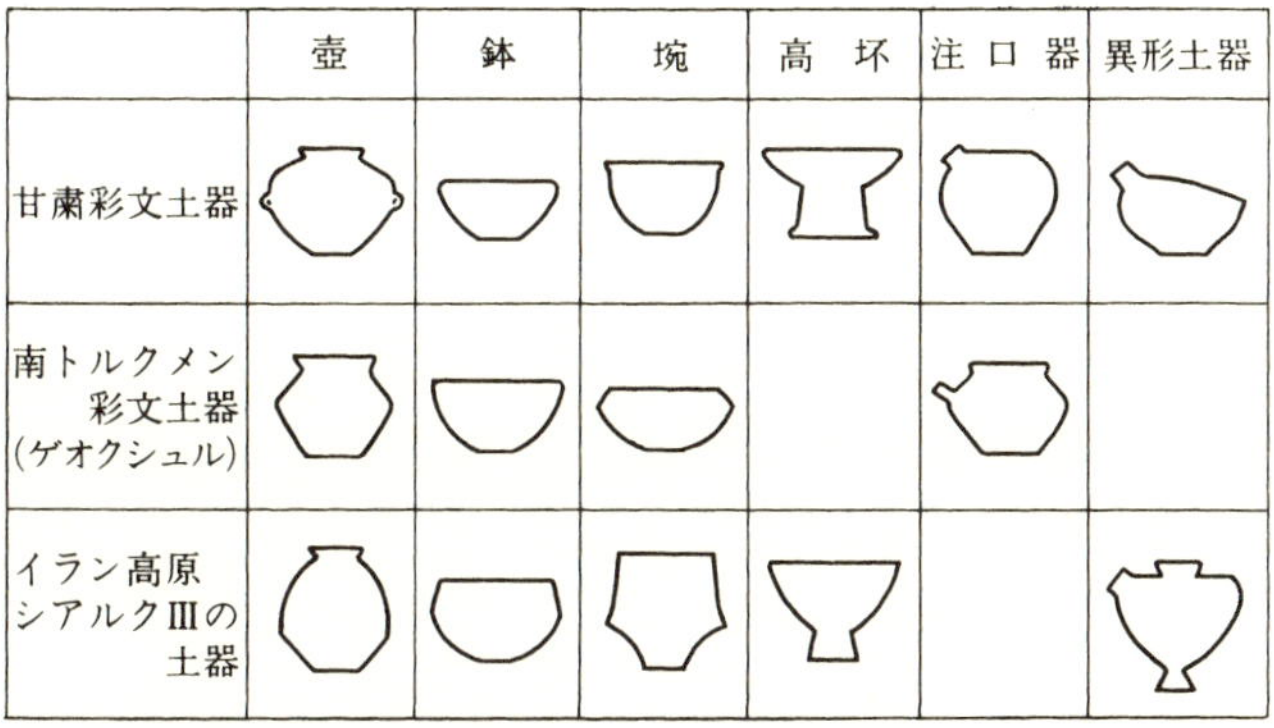

彩文土器の器形の比較（増田精一による。『秦始皇帝とユダヤ人』より）

縄文土器といっても、すべて土器に縄目文様が施されているわけではない。縄文は概して東日本で各時期に多用されるが、西日本ではさほどでもない。そればかりか、後期以降は沈線文《ちんせんもん》（へこんだ線模様）や凸帯文《とったいもん》（帯状にした粘土を貼り付けた模様）のほか、無文の傾向を強めていく。

縄文土器の製作技術の由来については、考古学界では不明であるとされている。いつごろからかということについては、炭素14法による測定値により、紀元前一万年とされている。前一万年の土器ということは、世界最古である。測定方法や誤差の問題が出てきたとしても、世界史上最も早く出現した土器の一つであるということは揺るがない。

縄文土器は、弥生文化の普及とともに姿を消していくのだが、最も早く姿を消したのは西北九州である。その後、近畿・東海地方で、弥生土器と交替しながらしだいに姿を消してゆき、東日本から北海道にかけては、縄文土器の伝統を継承する土器様式の製作が長く続いた。

当時の日本列島は、大陸との交渉もほとんどなく、縄文文化は日本列島内で独自に展開された文化であり、そこが他民族の新石器文化の発達とは異なる面であるということになっている。

比較的最近まで、縄文時代には、農耕、牧畜はまったく見られないとされていたが、縄文晩期にはかなり広い範囲で稲作や食用植物の栽培が行われていたとする説が有力になってきた。

縄文時代の終わりは、紀元前五〇〇年ごろであり、大陸から本格的な稲作文化が流入してくることにより、縄文時代は終わったとされている。

鹿島説は、以上のような日本の縄文時代のイメージをがらりと変えるものであった。なにしろ、東南アジアは八〇〇〇年も前から家畜を飼育し、定住集落をなし、米作を行っていたとするわけだから、日本の縄文時代はもちろんのこと、アジアおよび世界の古代史を、大きく変える破天荒な主張なのである。

バンチェン遺跡から発見された青銅についても、西からもたらされたものではなく、その後、西へと伝播されることになる青銅であったというのだ。先史時代の東南アジアは、文化的発展における後進地であるというのが、世界史の常識だったが、それも大きな誤りで、バンチェンのみならず、「超古代の太平洋文化の発展が、世界の文明を生んだ」という結論を、鹿島は堂々と導き出すのである。

「アトランティスからやってきた軍隊」とは、バンチェン人のことだった

「超古代の太平洋文化の発展が、世界の文明を生んだ」というフレーズを読めば、すぐに想起されるのが、アトランティスである。

プラトンは、晩年の対話編（『ティマイオス』『クリティアス』）のなかで、アテナイの政治家であり詩人でもあったソロンがエジプトを訪れ、神官から次のような話を聞いたというかたちをとって、アトランティスのことを記している。

それによると、ソロンの時代の九〇〇〇年も前に、ギリシア人が「ヘラクレスの柱」と呼んだジブラルタル海峡のかなたに、アジアとアフリカを合わせたよりも大きなアトランティスという名の大陸があった。この大陸の周りの海は、「アトラスの海」、すなわち大西洋と呼ばれた。

アトランティスは、強力な軍隊を持っていて、ヨーロッパとアフリカの一部を支配下におさめていたが、やがてヨーロッパとアジアとを一挙に隷属させようと侵攻し始めた。これに対し、アテナイ人は勇敢に戦って撃退し、さらにアトランティスにまで攻めのぼったのだが、そのと

き大地震と大洪水とがアトランティスを襲い、一昼夜にしてこの大陸は海中に没してしまった。

現在では、このプラトンの記述は、彼の創作であるとするのが一般的である。しかし、中世のヨーロッパにおいては、この島は実在したものと信じられ、アメリカ大陸、スカンジナビア、カナリア諸島などが、アトランティスだったのではないかとして、さまざまな試みがなされた。

そのなかで、最も有力なのは、エーゲ海のサントリニ島（古名テラ島）がアトランティスではないかという説である。前一五世紀の中ごろ、ミノス文明を火山灰の中に埋めつくし、誘発した地震と大津波とによってクレタ島にまで甚大な破壊的影響を与えた火山の大爆発があったことが知られているが、この火山の大爆発によって、サントリニ島は海中に没したのである。

鹿島説によれば、プラトンが記した「アトランティスからやってきた軍隊」とは、実はバンチェン人だったのである。

エジプトの古王朝人もバンチェン人であった

さらに、鹿島説によれば、エジプトの古王朝人もバンチェン人であったということになっていて、ヒンズーの史家バルミーキの次のような論を援用《えんよう》している。

バルミーキによれば、まずバンチェン王国のマヤ（植民者）は、最初にビルマに行き、その地でナーガ族として知られるようになった。バンチェン王国のマヤは、そのビルマからさらにインドのデカン高原に行き、そこでは創造主の象徴として、七頭の蛇（ナーガ）を祀ったというのだ。

では、そのバンチェン王国のマヤは、いったいどこからやってきたのか？　ジェームズ・チャーチワードという英陸軍大佐で史家だった人物は、「この人々がムー大陸から来た」として、膨大な著述を著したが、彼がムー大陸として示したのは、ニューギニアを拡大した形状であったというのだ（たま出版刊『失われたムー大陸』参照）。

これらについて、鹿島は『神皇紀』復刻版の「韓半島のウガヤ王朝史」のなかで次のように述べている。

私は、ムー人とはバンチェン一、二層人を含む前記石刻画の人々で、彼らのトーテムはアラフラ海の巻貝とソロモンの星（ユダヤのカゴメ紋）であったと考えたいのである。この人々と、蛇をトーテムとするオーストロ・アジア語族の間には明らかに関係があって、現在インドのオーストロ・アジア語族は人口の一・三％であるが、今日でもインドの東部や南部で祀られている蛇神は、彼らのものなのである。

カンボジアのアンコール遺跡にも、蛇のモチーフが多いが、タイ博物館にも蛇神像はいくつか展示されている。

おそらく、フッリ人（『史記』の伏犠氏）のトーテムである蛇が、インドのオーストロ・アジア語族の蛇神に由来することは確かであろう。

さて、バルミーキの『ラーマーヤナ』は、「マヤ（ムー人）は強き航海者にて、その船は東の大洋から西の大洋へ、南の海から北の海へ思いのままに航海した。……建築法を知っていた彼らは、大きな都市や宮殿を建設した。……マヤは優れた戦士で、ヒンドスタン（ヒンズー）半島南部を征服した」と述べ、続けて、「マヤの先覚者たるナーカル、すなわち聖なる兄弟は、母なる国の宗教と知識の伝道団として、その生地から西に向かって発った。初めビルマに達し、ナーガ族（ナーガは蛇トーテムで、オーストロ・アジア語族）に教えた。次にビルマからインドのデカン高原に移住し、さらにバビロニアやエジプトへと移動して、その宗教と知識を伝えた」と述べている。

鹿島が、ここで援用しているバルミーキの『ラーマーヤナ』は、神話・伝説を綴った叙事詩であり、ヒンドゥー教、とくにビシュヌ派の聖典である。

さらに、『ラーマーヤナ』はビシュヌ派の聖典であるばかりか、インドの後代の思想・文学に多大な影響を与え、近代インド諸語に翻訳・翻案され、ジャワ、マレー、ミャンマー、タイなどにも強い影響を与えた。

また中央アジアの各民族を経由して、中国からさらに日本にも伝わり、その多くが漢訳仏典中の仏教説話となっている。

以上のことは、『ラーマーヤナ』が世界におよぼした影響として、議論の余地のないことがらであるが、加えて以下のような「宗教と知識」の伝播があったというのが、鹿島説である。

バンチェン→ビルマ→インドのデカン高原→バビロニア・エジプト

鹿島によると、バンチェン人は、ヒクソスやカナンのエブス人、またはフェニキア人にも繋がり、バビロニアへ行ったのはウバイド末期の灰陶文化時代（灰陶とは灰色の陶質土器のこと。前三〇〇〇年以前に栄えた）で、エジプトの古王朝成立時代と主張している。

そうであるとするならば、シュメール文明とバンチェン文化を結ぶインド洋航路が、きわめて古い時代から存在していなければならないことになる。そこで、しばしば出会う反論が、「そんな古い時代に遠洋航海が出来るはずがない」である。

そのことについては、私は五島勉の次のエッセイを引用することにしている。

前四世紀の地図に、北米の東側、南米、南極まで描かれていた

五島勉は、次のようなことを述べている。

……残ったのはその地図だけだった。それは厄介者扱いされて、同じワシントンの博物館に移され、長いあいだ埃をかぶっていた。それが再発見されたのは一九五六年。再発見者は、アメリカ海軍航路部のアーリントン・マレリーという技術少佐だった。

彼は図書館で調べ物をしていたとき、偶然その巻物に気づき、何気なく広げてみた。それは古い世界地図……いや、世界の半分ぐらいの地図で、隅に小さくトルコ文字とラテン語の書き込みが入っていた。

「余、すなわちトルコ海軍提督ピル・レースは、二〇〇〇年前の二〇枚の古地図にもとづいてこれを描いた。一五一三年六月四日」

なるほど、中世のトルコ人が描いた地図か。しかも古代の地図のコピーか。それじゃどうせ、ひどく幼稚なものだな、とマレリー少佐は思った。だが、じーっと見つめているう

ちに、彼はだんだんふるえ始めた。

この地図には、中近東、アフリカ、ヨーロッパとインドの一部、北アメリカの東側、そして南米までが描いてあったばかりでなく、南米のさらに南に、南極としか思えない大きな大陸がはっきり記されていたのである。

おかしい。南米や北アメリカの海岸線が正確に知られるようになったのは、コロンブスやマゼランといった探検家たちが少しずつ確かめたあと、一七世紀に入ってからである。南極大陸の海岸線がはっきりわかるようになったのは、二〇世紀後半、各国の観測隊が危険をおかして現地へ乗りこんでからである。

それが、一五一三年にできた地図に描かれているというのは、どういうわけだ。さらにそれが二〇〇〇年前、つまり前四世紀の古代地図のコピーだというのは、なんの冗談だ？もっとも、現在の地図とはだいぶ感じが違っていた。アフリカと南極は、盛り上がったように、いやに大きく描かれていたし、南北アメリカはへんにひん曲がって、狭い幅に描かれていた。ただ、海岸線はどれもひじょうに正確に描かれているように見えた。

マレリーは自分独りだけでは手におえず、軍の専門家たちに手助けを頼んだ。まず科学の専門家が、地図の紙やインクをくわしく調べ、これは一五〇〇年代に描かれたものに間違いない、と判断した。つぎに海図の専門家たちが、書き込まれている古い海流や島名をたしかめ、それが古代のものであることはほとんど確実だ、と言った。

マレリーも含めて、彼らは気が狂いそうになってきた。

前四世紀に南北アメリカや南極が知られていた？

その海岸線を正確に描ける誰かがいた？……そんなバカな……

これはインチキだ。インチキの証拠に、面積がまちがっている。地図の真ん中の陸地ばかりでっかくて、端に行くほど寸詰まりになっているじゃないか、云々……。海軍士官たちの論争は果てしなく続いたが、誰の顔にもありありと当惑の色が浮んでいた……


オリエント史(西欧文明)の幕を開いたシュメール人が、実はバンチェン人であって、前三五〇〇年頃、彼らは宗教と知識の伝道団としての志を立て、はるばるバビロンの地に到達し、諸民族を同化してシュメール文明の基を確立し、拡大していった。

かくして青銅器・鉄器・彩陶土器などの新文化で彩られたシュメール文明が、世界中に伝播されて、各民族文化を向上させた。そのシュメール文明の影響は計り知れないが、そのルーツは、実はバンチェンの古代王国であった。

『バンチェン／倭人のルーツ』は、鹿島がそのことを明らかにして、それを証明するために書かれた本である。いまはまだ、シュメール文明のルーツに、バンチェン文明があったということにはなっていないが、いずれこれは明らかになるにちがいない。

新羅天皇家以前のすべての歴史を抹殺するために、『日本紀』が書かれた

神武以前に天の王朝が日本列島を支配していた

日本人が韓国へ旅行すると、「倭人が来た」とよく言われる。それを聞いた日本人の多くは、さほどヘンだとは思わない。倭人とは日本民族のことだと思っている人が多いためだ。日本民族または倭人のルーツという問題は、多くの日本人に興味を持たれ、読みきれないほどの研究発表もされている。しかし、そのなかでも、鹿島の史学ほど大胆にして的確な「仮説」はないのではないか。

昭和五三年（一九七八）、彼は自ら経営する新国民社から『倭と王朝』を出版した。そのなかで、神武以前に「天の王朝」という先王朝があり、その天の王朝が日本列島を支配していたと主張

し、韓国と日本の双方において大評判になった。

それとともに、すでに述べたように『桓檀古記《かんだんこき》（注釈付き全訳）』を出版し、韓国の古史古伝ともいうべき『檀奇古史』『符都誌《ふとし》』『契丹《きったん》北倭記』などとの関連を明確にした。それらのことによって、檀君朝鮮のルーツが、実はバビロンの地に発生したものであることを解明したのだが、これは当然のことながら、いまも学界で承認されるには至っていない。

中国とバビロンの関連を裏付けるものとして、彼は神話をとりあげた。中国の人頭蛇身の伏犧は、バビロン神話の人頭魚身のオアンネスであり、大洪水をとどめた女媧《じょか》氏はシュメールの大洪水と「方舟《はこぶね》神話」と同一であることなどを明らかにしたのだ。

さらに、中国の古典とされている司馬遷の『史記』が、オリエント史を地名遷移して漢訳した「翻案偽史」であることも、克明な対比作業によって証明した。

それら偽史を、二千年来最高の史書としてきた漢民族は、
殷（シュメール人）→**周**（アッシリア人）→**秦**（バクトリア人）

の文化遺産をそっくり棚ボタ式に受け継いだわけである。

自らは、そのようなことをしておいて、彼らは殷人（シュメール人）を「夷」すなわちエビスと呼んだ。その殷人が日本列島にやってきて打ち建てたのが、東表国《とうびょうこく》である。その東表国とは何

かというと、それこそが神武以前の先王朝である天の王朝であり、この東表国＝神武以前の先王朝＝天の王朝の列島支配は、一〇〇〇年以上も続いていたというのである。

邪馬台国は、伊都国《いとこく》、多婆羅国《たばらこく》、安羅国《あらこく》の諸王が神武の妻・卑弥呼を共立して建てた夷、すなわちエビスと呼ばれていた殷人（シュメール人）が、日本列島に東表国《とうびょうこく》を打ち立てたということを、シュメール文明の側から見ると、東表国は南倭《なんわ》人の国であったということになる。

三世紀初頭、中国東北（満州）から朝鮮半島を経て南下した扶余族のタケミカヅチ（神武）率いる北倭人が、南倭人と「倭の大乱」を戦った末に、博多近辺に伊都国《いとこく》を建てた。

二三四年、神武が死ぬと倭の大乱が再び起こったが、伊都国（博多）、多婆羅国《たばらこく》（熊本）、安羅国《あらこく》（日向）の諸王が諮って神武の妻・卑弥呼を共立し、邪馬壱国（邪馬台国）を建てた。卑弥呼は、実家の公孫氏（ユダヤ系亡命者）が建てていた日向・西都原《さいとばる》を都として統治した。

やがて宗女・壱与《いよ》は沖縄の狗奴《くぬ》国王・長髄彦《ながすねひこ》に追われ、一族を率いて対馬へ移動し、朝鮮の咸安《かんあん》にも飛び地をつくり、合わせて安羅国《あらこく》とした。

一方、東表国は洛東江流域に金官加羅《きんかんから》国をつくり、朝鮮南部と九州を支配する「倭の大王」として君臨していたが、三五六年、その王族の奈勿《なこつ》王が独立して新羅を建てた。その新羅と安羅の挟撃によって、金官加羅国は、五三二年に滅ぼされ、安羅が加羅国を併合して新しい倭国となり、その倭国がやがて新羅と対立するようになった。

その後は、朝鮮半島と日本列島の支配権をめぐって、高句麗、新羅、百済、倭国が争い、当時の世界帝国・唐の援助を得た新羅が、まず百済を滅ぼした。倭国はその百済を復興させるために軍隊を派遣し、六六三年に白村江の戦いとなる。

この白村江の戦いで、倭国を破った唐・新羅連合軍は、その勢いに乗って一気に九州へと攻め込み、太宰府に筑紫都督府《ととくふ》を構えて、倭国を占領する態勢に入った。朝鮮式山城（朝鮮半島の三国時代に発達した山城）などの防衛施設建設に取り掛かったのは、その直後のことである。

六六八年、新羅は唐と協力して宿敵・高句麗を滅ぼすと、六七二年、唐の熊津《ゆうしん》（公州）都督府行政官となっていた百済王・隆の軍を破り（国史の「壬申の乱」後）、倭国へと追放した。

これを受けて、倭国に進駐していた新羅王族たちは六七三年、九州の倭国と大和の秦王国を合わせて、近畿地方に日本国（シラヒース）を建国したのである。

日本に派遣された舎人《とねり》親王が、日本総督を天皇として『日本紀』をつくった

『日本紀』は、日本に派遣された舎人親王が、当時の日本総督を「天皇」としてつくったものである。その『日本紀』を、権力者となった百済王の道鏡や桓武らがたびたび改竄して、『日本書紀』が出来上がった。それに合わせて『古事記』も改竄されたのだが、従来の歴史学者はこの『記紀』を唯一最高の「史書」として、国民を教育してきた。

そのため、日本では一三〇〇年以上経って、なお万世一系の天皇家を頂くという日本単一民族説が横行しているのである。

ときの権力者というものは、自分に都合のいいように歴史を改竄するものである。それがはなはだしい場合には、それまでの歴史をすべて消し去り、自分に都合のいい歴史を新たにつくることさえする。

近いところでは、北朝鮮の金日成がそうであった。金日成は、スターリンによって任命された旧ソ連の傀儡政権の責任者であり、抗日運動を戦った英雄・金日成とは別人であった。そのことは、現ロシア共和国のテレビ番組で明らかになったのだが、いまの金正日体制下では、ほとんどの国民がそのことを知らないはずである。あるいは知っていても、口にはできず、金日

成および金正日を「偉大な将軍様」と仰いでいるのだ。

金正日の父親が金日成を騙《かた》ったことについては、仕掛けがあまりにも簡単なのと、ソ連邦およびソ連共産党の解体とによって、明るみに出ることになったわけだが、日本や朝鮮の古史については、なかなかそうはいかない。『日本書紀』や『古事記』、檀君朝鮮についての史書は、仕掛けが複雑で、それなりに洗練されているからである。

韓国の学者は、ことあるごとに日本の歴史認識は誤っていると騒ぎ立てるが、それはお互いさまである。われわれの先祖は、韓半島と日本列島を股にかけ、行ったり来たりしていたのである。そのことが、いまだに明らかになっていないことは、北朝鮮、韓国、日本三国の人々にとって、大変不幸なことである。

バンチェン文明が、東アジア・インド・オリエント文明を結んだ

漢字は、シュメール人（殷人）の殷字がルーツ

「漢字をつくったのは漢民族」というのは、学問的には何ら根拠がない。漢字は象形文字の一

種、絵文字の一種でもあるわけだから、エラム文字、エジプト文字、インダス文字などの系統に属しており、これらを使用したのは、シュメール人、エラモ・ドラヴィダ語族（インド南部からスリランカ北部の言語を話す人々の総称）であった。

漢民族は漢帝国の成立（前二〇二年）以降に生まれた民族である。殷人たちが、先行して住み着いていたチュルク人や苗《ミャオ》族などに漢字（殷字）を教え、春秋戦国時代の末期（前二二〇年以降）に、これらの原地人が西からやって来たバクトリア人と混血して漢民族ができたのである。

インダス文字を倣って中国大陸に甲骨文字を残したのは、インダスの商社アリク・ディルムンのカルデア人であったが、そのなかにはカルデア人（新バビロニア）に従属していたナーガ族もいたし、メルッハ人（マラ人）、ヤードゥ人、シャキイ族などのアラビア海の海人たちもいた。

これらの人々はかつて、ドーラ・ビーラ（現在のインド。近年、インダス文明の遺跡が発見された）のマカン（エジプト・アラビア半島にあったとされる国）を閉鎖したのち、インダスからエジプトに侵入してヒクソス（東方からエジプトを侵略したとされる謎の民族）になったが、それ以前も古王朝時代のエジプトと関係があったらしい。

レニングラードのエルミタージュ博物館にある、前二〇〇〇年以前のエジプト第一一王朝時代につくられたという『蛇の島のパピルス』に書かれている「蛇の島」というのは、実は現在のマレーシアやシンガポールがある大蛇の形をしたマレー半島のことである。エジプトに貴重な香料をもたらしたプントの海商は、すでに遠くマレー半島にまで到達していたのである。

プントは、古代エジプト人がアフリカ大陸の紅海沿岸にあった乳香の産地を指した名称である。そこでは、乳香、金、黒檀、象牙、マントヒヒ・ヒョウの毛皮などを産出し、エジプトの第五王朝から第一九王朝ラムセス三世まで、断続的に交易遠征隊が派遣された。その正確な位置については論争があり、近年ではソマリア説よりはスーダン東部のスアキンからエチオピア北西部にかけての広い地域とする説が有力となりつつある。

さて、前二〇〇〇年よりも古い時代から、港々をつなぐ航路を開拓して、定期的に遠洋航海を続けていたアラビア海の海商には、このプント人の他にもマカン人やメルッハ人などがいて、これらの人々がバンチェン文化を残し、さらに殷に到達していたからこそ、『山海経《せんがいきょう》』のなかに「エジプト神話」が残されることになったのであろう。

倭人は、東アジアのみならず、オリエント世界ともつながっていた

中国に文字文化をもたらした殷人（シュメール人）は、南海から船でやって来て中国にコロニーをつくり、そのあとプントの海商たちも定期的に訪れていたとなると、倭人は日本列島固有の

民族ではなかったということになる。倭人というのは、中国から見ると東にいる夷、すなわち東夷であり、その東夷は南海からやってきた殷人（シュメール人）の一派だからである。

これこそが、明治以降、天皇家と倭人のルーツをひた隠しにしてきたシンジケートにとって、最も知られたくない事実であった。倭人すなわち現代の日本人は、実は東アジアのみならず、オリエント世界とつながっていたからである。

そのことを示すものとして、実に興味深い事実がたくさんある。たとえば、亀は殷の時代に聖獣として亀卜《きぼく》（亀の甲を焼き、できた裂け目で吉凶を判じる占いで、日本にも伝わっている）に使われていたのだが、その亀はマレー半島にのみ生存する大亀であった。

ということは、殷の時代に、すでに河南省とマレー半島の間で海上交通が行われていたということである。ちなみに殷は中国の古代王朝の一つで、史記の殷本紀によれば、湯王が夏《か》を滅ぼして前一六世紀ころに創始し、第三〇代の紂王《ちゅうおう》に至って周の武王に滅ぼされ、前一一世紀ころに滅亡したことになっている。

殷人の祖地はメコン河の流域

殷は、高度の青銅器と文字＝甲骨文を持っていた。中国河南省安陽市の北西郊の殷墟《いんきょ》（殷の遺跡）からは、殷の工芸技術の粋を示す銅器・白陶・象牙彫刻・玉器などとともに、文字を刻んだ甲骨も多数出土している。工芸品以外にも、多数の宮殿址・大墓・小墓、無数の竪穴が発見され、そのあたりにかなり大きな文明が築かれていたことを物語っている。

殷代の亀が、想像をはるかに越える広がりを見せていたことに関して、きわめてオーソドックスな歴史学者である貝塚茂樹でさえ、次のように述べている。

「ヒンドゥーの神話では、中国銅器中に見える大地をささえる亀と龍、つまり蛇が世界を支持する動物として現れている上に、セイロン（スリランカ）では、中国で亀と関連し神聖動物となっている蛇が、大地をささえる蛇・亀を背にのせて大空に浮かんでいることは、単に偶然の一致として片付けられない」

また、殷墟から出土した青銅の鼎《かなえ》は、三足が特徴であるが、同じ形状の三足土器が、前一七〇〇年頃のガンチャナプリー（タイ）、サイヨク洞窟（タイ）、マレー半島などからも出土している。バンチェンの苗族は、東アジア全域に黒陶文化を拡散していったのだろう。これらの文化圏を、前三〇〇〇〜二五〇〇年以降のバンチェン彩陶文化の延長線上にあると考えれば、殷人の祖地はインドシナ半島のメコン河の流域にあったということになる。

鹿島は、バンチェン文化が、古代の東アジア・インド・オリエント文明の橋渡し役となり、その文化を担ったのはシュメール人であったと喝破した。そのことを認めてしまうと、都合が悪くなる政権が、いまもずいぶんある。

しかし、いま凄まじい勢いで進行している高度情報化社会への流れは、世界のどのような為政者にも止めることはできない。世界の歴史は、いずれ鹿島説を下敷きにして、大きく書き換えられざるをえなくなるはずである。

第五章

驚異的な倭人の大航海、大遠征

エジプト王朝のファラオたちは、海を越えて交易・遠征を行っていた

『史記』は、バビロン史の漢訳だった

前一七三〇年頃、マカン（インド）の海商ヒクソス人は、ナイル河デルタの東北方から下エジプトへ侵入して以来、一五〇年間広い三角洲地帯に居座っていたが、前一五八〇年、エジプトの独立戦争によってエジプトから追放された。

ヒクソスの主力は、ディルムン人とメルッハ人によって構成されるインダスの海商または海賊であったらしい。

このあとヒクソスはカナン（イスラエル）の地に移動して、エブス人と呼ばれるようになったが、一部のものはさらにヴァン湖周辺（トルコ）に移動してウラルトゥ王国を建てた。

彼らエブス人は、のちにバビロニアのカルデア人やマカンの海人らとともに、後期イシン王朝（バビロン第四王朝）の水軍となって、はるばる中国の山東半島に上陸し、その地に貿易基地をつくった。

彼らはさらに、河川伝いに遡上して華北・中原へ侵入、洛陽付近にイシン王朝の分国をつくった。それが中国史の殷の正体であり、『史記』殷本紀なるものは「殷の本国」に相当するバビロン史の漢訳だったのである。

『史記』に記す殷王の王名、王代の事件、外国との交渉などは、すべて、殷史が中国の歴史ではなく、本国イシンの歴史であることを示している。

だから、のちに漢代の中国人が、夷または殷人を漢民族ではないとし、東夷（山東半島のバビロンの植民地）のなかに倭人があると考えたのは、けっして誤りではなかった。従来いわれたように、殷人が漢民族の先祖ならば、殷人または夷を非漢人とすることはないはずであるし、われわれが「夷」をエビスと読んでいたのは、実は夷とはカナンのエブス人だったからである。

エルサレムのエブス人は、海の国カルデア人の子孫とも関係があった

アッシリアにおいて前一一五六年、マルドゥクカピトアヘシュ王は、後期イシン王朝を建て、前一〇二五年、ナブシュミリプル王のときに王朝が滅び、前一〇二四年にはバビロニアのカルデア人が「海の国」後期王朝を建てた。

『史記』は「殷末に伯夷《はくい》、叔斉《しゅくさい》が首陽山に逃れた」と個人名にして述べているが、このことは、

後期イシン王朝の末期、伯夷のフッリ人と叔斉のサカ族が、ウラルトゥ国（ヴァン湖周辺）に逃れたことを記したものである。

このときのイシンの海軍であったカルデア人は、のちに現在のトルコ西部にあたるリディアを建てている。『史記』はリディアを「呉」と書き、スキティアを「越」と書いているのだが、中国大陸に呉、越を比定した実体は、そこにカルデア人とサカ族が住んでいたからかもしれない（殷人に黒夷と白夷の二系ありというのは、このことであろう）。

『旧約聖書』のヨシュア記は、エブス人がアモリ人であると述べる。カルデア人もまたアモリ人の支族だから、アモリ人の子孫と言ってもよいのである。そうしてみると、結局エルサレムのエブス人は、海の国カルデア人の子孫とも関係があったということである。次に、その由来を述べる。

前一三世紀、エジプトはインド洋を渡って、南アフリカやスマトラへ

前二六〇〇年ごろ、エジプト第四王朝はピラミッドの建設を開始し、大型の木造船によってピプロスの糸杉を買い付け、やがてペルシア湾沿岸諸国と貿易するようになった。

こののちペルシア湾の海商を主力としたヒクソス王朝（前一七三〇年～一五八〇年）は、エ

ジプトの主権を得てプント航路の奴隷貿易を独占した。

プントとは、元来エリュトゥラー海に始まる「エブス人の良港」の意味である。フィリピンのマニラ郊外にもプンタという漁港があるが、本当のプント人の本拠はボルネオ（カリマンタン）南部の八河地帯（八つの大河が流れている所）であり、その中心地はのちに倭寇《わこう》の基地となったバンジェルマシンであった。

エジプト王朝のファラオたちが、大ピラミッド建設に要する多数の奴隷を海外から略奪していたころ、バンジェルマシンの倭寇の先祖たちも、すでに活躍していたと考えられる。

前一六世紀、エジプトの女王ハッチエプストは、夢で「海上遠征をすれば、海商ヒクソスによって失われたものを取り返すことが出来る」との神託を受けて、プントへの遠征を行ったというから、当時すでにこの航路は定期化されていたのであろう。

また、前一二〇〇年代にはラムセス王朝のファラオたちは、インド洋を渡って、南アフリカやスマトラの金鉱地帯に一万人にのぼる遠征隊を送り込んだという。

レニングラード・エルミタージュ博物館所蔵の『蛇ノ島のパピルス』には、古代エジプトの船員の話として、次のように記されている。

私たちはワロトの国の果てまで行き、センムト島を越えて帰ってきた。王の鉱山に行くため、長さ一二〇メフ（六〇m）幅四〇メフ（二〇m）の船に、一二〇名の船員を乗せて紅海を下ったが、嵐のために私だけが助かってある島に漂着した。

するると大地が鳴り響いて三〇メフ（一五m）もある金色の大蛇が現れ、

「この島で四ヶ月待てば、お前の国の船がやってくる。私たちはもと六五匹もいたが、星が落ちてきて他のものを焼いてしまった――私はプント国の王子であった――」

と、言って、私に乳香などの香料、目薬、キリンの尾、香木、象牙、尾長猿、ヒヒなどの土産物をくれた。やがて四ヶ月後に、エジプト船がきて私を乗せ、船は二ヶ月の航海ののち帰国した。

パピルスの記録年代は、エジプト第一二王朝～一三王朝（前二〇〇〇年～一七〇〇年）であるが、物語そのものは第一一王朝（前二〇四〇年～）時代のことである。

混血で赤紫色のフェニキア人誕生

このプント国というのは紅海の出口にあるソマリアのことであるが、大蛇が「プント国の王子と名乗り、六五匹の蛇が一匹になった」というのは、六五の商船隊のうち一隻だけが残ったという意味であろう。すると大蛇王子はプントの船団を率いて遠征し、漂着した地に植民市をつくっていたことになる。

　大蛇王子が船員に与えた土産物のなかに、尾長猿がある。尾長猿はマレー半島だけのものであることから、大蛇王子はマレー半島の支配者であることがわかる。してみると、大蛇というのは蛇のようなマレー半島の地形を表すものであろう。

　当時エジプトからプント国経由でマレー海域まで行くには、六〇メートルの船で二ヶ月を要した。プント国は、紅海のバブエルマンデル海を隔ててイェーメンと対立していたが、やがて後に「オッフル国」といわれるようになり、前一一世紀、女王ビルキースの時代にはサバ国の属領となった。

　これについて、ヘロドトスは『歴史』七巻のなかで、次のように述べている。

「フェニキア人は、彼らが自ら伝えるところによれば、古くはエリュトゥラー海辺(ペルシア湾岸)に住んでいたが、この地からシリアへ移り、シリアの地中海沿岸地帯に住むようになった」

　また、セネガル人のシェイク・アンターディオプは『黒い民と文化』のなかでこう述べている。

人類文明の生みの親は黒人であって、初期のエジプト王朝のファラオは黒い肌をしていた。旧約聖書の『創世記』でハムを父とするクシが居住した国、現在のエチオピアは、昔『クシ』と呼ばれていた。

この黒い人たちがたてた天文をはじめとする文化が、ナイル河を下ってエジプト文明をつくった。そしてこの文明の曙に磨きをかけて伝播したのが、北方から来た白い肌の人たちで、先住民との混血の途中、『濃い赤色の人たち』というものが出来上がっていた。これはフランス語でRouge - Sombre《ルージュ・ソンブル》（濃赤）と書かれている。

ギリシア人は、フェニキア人を赤または紫の名で呼んでいたが、それはこの「濃い赤色の人たち」のことである。

それにフェニキア人は、彼らのつくった工芸品生産から、「赤または紫の国から来た人々」といわれていた。黄色から赤へ変化する途中の色彩を、ミュレックスと呼ばれる海の巻貝から採った染料で織物に染めることに成功し、それを「高貴な七色の衣装」という貿易品として、巨利を得ていたのである。

フェニキア人は、自らをカナン人と自称していたが、このカナンというのも、アッカド語のキナフ、すなわち紫から派生したものということで、「赤い人々」を意味するものであった（ゲルハルト・ヘルム『フェニキア人——古代海洋民族の謎』）。

セムの子孫ヒミヤール人の居住地であったエチオピア・エリトリュア前面の海は、今でも紅海と呼ばれている。その由来は、藻（ラン藻のトリコデスミウム）が著しく繁殖して海水が赤色を帯びるところからきているということになっているが、それればかりではないだろう。

現代においては中東戦争の要衝になっているパレスチナは、古代にあっては民族の交叉点であり、この地で民族的・文化的混血混合が盛んに行われたのである。

カナンの地の豊かさは、多くのイスラエル人を虜にした

カナンは、パレスチナおよび南シリアのあたり

カナン（Canaan）については、現時点での定説は、以下のようになっている。

まず、どこを指すかだが、これは「パレスチナおよび南シリアのあたり」ということになっ

ている。

イスラエルの民は、エジプトを脱出したあとシナイやネゲブの荒野を彷徨《ほうこう》していたころ、神から約束されていながらまだ手にしていない「乳と蜜の流れる地」としてこのカナンにあこがれた。

前二〇〇〇年紀の初めころから、エジプト人はこの地方をレテヌ、そしてその住民を「アジア人」と呼んでいた。しかし、トトメス三世の時代（前一五世紀前半）には、エジプト語の文献は、このレテヌをフルと記すようになる。当時シリア・パレスチナの都市国家の多くは、フッリ人の支配下にあったからである。

さらにアメンヘテプ二世の碑文（前一四三〇年ころ）に「カナン人」という言葉が見えるが、この「カナン人」はシリア・パレスチナの住民を指していた。

現実の地名としてのカナンは、南はワーディー・アルアリーシュから、北はオロンテス川上流のレブウェ（『旧約聖書』の記述ではハマテ）まで、西は地中海沿岸、東はヨルダン川からハウラン山に沿ってアンチ・レバノン北山麓のゼダドに至る線であるとされている。

カナンの原意は、紫色が従来は有力であったが、最近は「商人」だという説が有力になってきている。その根拠としては、『旧約聖書』の「イザヤ書」23・8、「ホセア書」12・7、「ゼカリヤ書」11・7 があがっている。

カナン人は、言語学的には北西セム語圏に属するが、旧約聖書の「諸国民表」によると、カナンはセムの子孫ではなく、エジプトと同じくハムの子孫となっている（「創世記」10・6）。それは、カナン地方が伝統的にはエジプトの東北県と見なされていたからだという説が有力である。

前一四世紀のアマルナ文書では「カナン県」という名称も使用されており、ガザはその行政上の中心地であったということになる。

セティ一世の碑文（前一三〇〇年ころ）においては、カナンはガザを指すが、「イスラエル」の名がはじめて出てくるエジプト語の碑文として有名なメルエンプタハ王の戦勝歌におけるカナンは、エジプトの東北県全体を意味している。

カナンの地と宗教と文化は、ユダヤ教にとって脅威であった

ユダヤ教の信仰上のカナンは、「神から約束された乳と蜜の流れる地」であるが、現実の地名としてのカナンは、「肥沃な三日月形」の一部を形成して、メソポタミアとエジプトを結ぶ要衝の地にあった。そのため、カナンの文化は、メソポタミア文化とエジプト文化の両方の影響を十分に受けながら発達した。

前一三世紀の末、イスラエルの民はカナンの大半の地域の征服を完了していたが、前一二世紀の初め、パレスチナ北部のエズレル平原において、女預言者デボラと軍指導者バラクが率いるイスラエルの兵士たちが、シセラ王のカナン軍と衝突した。戦闘はイスラエルの勝利に終わり、イスラエルに対抗できる強力なカナンの王は一人もいなくなった。

このころ、パレスチナ南部の海岸平野は、ペリシテ人を主とする「海の民」によって征服され、カナン北部は、シリア砂漠から侵入してきたアラム人によって制圧された。

ペリシテ人の征服を逃れたカナン南部のイスラエル人と、アラム人の制圧から逃れたカナン北部のイスラエルは、フェニキア海岸のビュブロス、シドン、テュロスなどの都市に結集して、強力な都市国家を形成した。

シナイやネゲブの荒野から、カナンに侵入し、定着したイスラエルの民にとって、カナンの地は、たしかに「乳と蜜の流れる地」であった。しかし、農耕文化を主とするカナンの豊穣神バアルおよびその祭儀は、荒野と牧畜生活を背景として生まれ、ヤハウェを唯一の神とするユダヤ教にとっては脅威であった。

しかし一方で、イスラエル人にとってカナンは、土地の豊かさのみならず、伝統の宗教や文化もきわめて魅力的であり、多くのイスラエル人を虜《とりこ》にしたのである。エリヤをはじめとする各時代のイスラエルの預言者が、カナンの宗教および文化と、イスラエルの宗教および文化の混淆《こんこう》を激しく非難したのは、そのためである。

地中海東海岸のフェニキア人は、紀元前に米大陸にまで到達していた

東表国（＝九州）は、ソロモン王のオフィルであり、タルシシではなかったか

ソロモン王は、前一〇世紀のユダヤ人の王であり、「列王紀」上第一〇章二には、次のように記されている。

「ソロモン王は海にタルシシの船隊を所有して――タルシシの船隊は三年に一度、金、銀、象、猿、孔雀を乗せて来た」

このことから、ソロモン王は、当時、ジャバ島やマドウラ島で金と銀を積み、セイロン島北西対岸のマドラスで、象、猿、孔雀を積んだと推定され（孔雀はインドとセイロン島以外にはいない）、それが「タルシシの船隊」の貿易ルートであったということになる。

『旧約聖書』の記述からすると、タルシシの船は、当時セム族の世界で知られていた最も大き

な外洋航行船であり、そのために、タルシシという名称は、外洋を航行する大型船の同義語として用いられていたことがわかる。

イスラエルの古代詩篇作者たちは、パレスチナの海岸に立てば、レバノンやエジプトと盛んに交易している（兄弟分の）フェニキア人の船団を、いつでも眺めることができた。

「タルシシ」はまた、これらの大型貿易船の目的地を表す言葉としても使われている。

ソロモンの栄華は「ツロ」を商都としたフェニキア人の貿易によって成立し、このフェニキア人はタルシシ（交易の目的地）で金、銀、錫などの金属を求めたが、独占権を守るために「タルシシ」の位置を秘密にしたというのである。

前一一世紀、ユダヤ王ダビデがエルサレムに建国することができた最大の理由は、先住者エブス人との同盟があったからである。だとすると、その子ソロモン王のタルシシ船団は、エブス人の船団であると理解するのが最も自然な解釈である。そうであるならば、三年ごとに訪れたこの船団の最終目的地は、はるかなる河南省（夷人の国）であったということになる。

『契丹集史《きったんしゅうし》（倭人興亡《わじんこうぼう》史）』（注）によれば、蛇を意味する「東表《とうびょう》」は、倭人国家であり、それは海人国家である「殷」のことと理解することができるのだが、この東表国（＝九州）は、あとで詳しく説明するが、最果ての「プント」（紅海にあったソマリアの船団基地）であるとともに、ソロモン王の「オフィル」であり、「タルシシ」のことではないかとも思われる。

注・『契丹集史（倭人興亡史）』とは、遼の王族・耶律羽之《やりつうし》が編纂した史書のこと。旧日本帝国陸軍将校・浜名寛裕が、日露戦争中に奉天のラマ寺で発見し、二〇年の研究を経て解説書を発表した。鹿島は彼の研究を受け継いで、遼の契丹民族が満州の倭人、すなわち「北倭」であることを立証した。

フェニキア人が、縄文時代終期に縄文農業を伝えた

雲南省のロロ族または夷族を殷人の子孫と考えると、ロロ族は支配層の烏蛮《うばん》（黒いロロ族）と、被支配階級の白夷（白いロロ族）に分かれているから、殷人には黒人と白人の二系統があったことになる。

満州にも、鮮卑の子孫という烏丸《うがん》と、賎業を扱った白丁《はくちょう》がいて、この烏丸の子孫が契丹になり、白丁の子孫が室韋《しつい》になった。鴨緑江《おうりょくこう》にいた白丁族は契丹が侵入してきたとき、「我々の先祖は倭人（北倭）である」といって歓迎したという。

では、その殷人の渡来による植民市づくりを考えてみよう。

ロロ族のなかに黒ロロと白ロロがいることは先に述べたが、その黒ロロはセム族とドラヴィ

ダ族の混血であり、白ロロはインド・アーリア族であろう。ナーガ族とカーシ族はこの黒ロロの下に従属していたと考えられる。

コーサンビー（一九〇七―六六。米ハーバード大卒。数学者・歴史学者）は、「インド・アーリア人のなかに白人の純血アーリアンと、セム系のやや黒い混血アーリアンがいた」と述べており、そうすると黒ロロ族はセム系の混血アーリアンということになる。

日本の縄文時代の終期（前五〇〇年頃）に、セム系の顔を持つ土偶が多く出土しているが、これこそセム系のフェニキア人（エブス人）のものであり、彼らが縄文農業を伝えたのであろう。

殷はイシンの漢訳で、ヒクソス系エブス人であった

前一七〇〇年頃、バンチェンから山東半島に上陸したエブス人たちは貿易基地としてのコロニーをつくり、やがて黄河下流域に進出して河南省にイシンの植民市「殷」を建てた。

殷の正式の国号は「商」であり、殷人は自らを「夷」と称した。「商」は表意であって、殷の実体が商業コロニーであることを表すものだが、「夷」とは一体何を意味するのか。「夷」はエビスで、ヒクソス系エブス人であり、「殷」はイシンの漢訳である。

また、夷人とは銕《てつ》人のことで、黒く光る人々、金属文化の人々という意味があり、銅、錫、鉄

などを採取したインド洋の海人のことであった。

これをさらに解説すれば、次のようになろう。

前一五〇〇年頃に、セム系アーリアンは、中国史で「韓」の本国となっているガッチ湿原のマカンから出発して、インダス河を遡り、デリーの近くでジャングルを踏み越えてマガダ地方に至った（黒縁赭色《こくえんしゃしょく》土器の分布によってその道筋がわかる）。

白人の純血アーリアンは、ハラッパ、すなわち古書にいうメルッハから出発し、クル・パンチャーラまたはデリーを通って、同じくガンジスの上流に至った。インダス河流域と違ってガンジス河流域は土質が固いので、鉄の農具でなければ耕作出来なかった。そのため、ヒッタイトの鉄文化が浸透していったのである。

紅海を基地とするタルシシ船の移民たちは、インドにコーサラ国を建てて栄えていた。そのあと中国大陸を支配するために、タイのバンチェン製鉄基地を強化し、その地の木材を採り尽くした。さらに九州の国東半島（今の大分県）に製鉄基地を移して（前一一～一〇世紀）、殷と交易するタルシシ船の需要に応えた。

やがて前八世紀、豊前《ぶぜん》宇佐を中心とする（南倭人の）東表国が建てられた。

重藤《しげふじ》での製鉄が、「弥生時代は五〇〇年遡る」の決め手である

二〇〇三年五月二〇日、朝日新聞は、弥生時代の始まりは「紀元前一〇〇〇年頃からか／教科書修正論議も」と題して、次のような記事を一面トップに掲載した。

国立歴史民俗博物館（千葉県佐倉市）は一九日、水田稲作が日本に伝わった弥生時代の始まりは定説より五〇〇年早い紀元前一〇〇〇年ごろ、と特定する研究を発表した。北部九州などから出土した試料を最新の放射性炭素（C14）年代測定法で分析し、結論づけた。この結果に基づくと、稲作伝来の時期は中国の殷から西周にかけてとなり、戦国時代（前五～三世紀）のころ朝鮮半島を経て伝わったとみる従来の歴史観は大幅な修正を迫られる。考古学界には慎重論もあり、教科書の書き換えなどをめぐって論議は必至だ。

この弥生時代の始まりについての議論は、実は一九七七年九月二三日の朝日新聞による報道「縄文時代の製鉄遺跡発見」が発端である。

九州大学工学部の坂田武彦教授が、大分県国東半島の重藤《しげふじ》遺跡から、鉄剣とともに前六九五

年±四〇年の木炭を発掘し、縄文時代における鉄文化の存在を立証し、考古学界の定説を覆した。

そのことに関して、朝日新聞は、一九七七年九月二三日付で、「鉄器は弥生時代に登場したというのが定説。ところが、重藤遺跡から見つかった鉄剣は、同時に採取した木炭を九州大学で測定したところ、紀元前六九五年±四〇年という縄文時代後期の数値が出た」と報じたのである。

鹿島が、ここで述べたように「紅海を基地とするタルシシ船の移民たちが、タイのバンチェンに製鉄基地を構え、その地の木材を採り尽くしたので、九州の国東半島に製鉄基地を移した」と指摘したのは、この一九九七年の朝日新聞の報道よりも二〇年も早い一九五七年のことである。

中国で鉄鉱石と石炭との組み合わせによる現代風の製鉄が行われるようになったのは、前五〇〇年ころのことであり、これはアカデミズムでも認められている定説である。坂田武彦教授は、重藤遺跡を調査した結果、紀元前六九五年±四〇年の縄文時代の日本にすでに鉄文化は存在していたことを明らかにした。鹿島は、タルシシ船の移民たちが、九州の国東半島に製鉄基地を移したのは、紀元前一一世紀から一〇世紀としている。

いずれにせよ、中国で製鉄が開始される以前に、日本では製鉄を行っていたということである。

水田稲作にとって、鉄器はなくてはならないものである。大量に稲を刈り、脱穀するのには、鉄が最も適しているからである。そのため、重藤遺跡で少なくとも紀元前六九五年±四〇年に製鉄が行われていたということこそが、「弥生時代が五〇〇年遡る」ことの決め手となる。

それにもかかわらず、重藤遺跡での鉄文化の存在は、いつのまにか闇のなかに葬られたかのようであり、「弥生時代が五〇〇年遡る」というのも、その後、ぱったり報道されることはなくなり、考古学的な議論もなされなくなっている。九州大学工学部だとか、国立歴史民俗博物館など、思いがけないところから、ときに私たちの気持ちを明るくする新しい発見があったりするのだが、鹿島が逝ったあとも、鹿島史学への無言の弾圧は続いているのである。

タルシシ船団は、紀元前にアメリカ大陸にまで到達していた

前三〇〇〇年頃から、地中海の東海岸に航海の巧みなフェニキア人が住み着き、レバノン山脈西側（レバノン杉の原産地）の沿岸地帯には、彼らのアルワド（古い港）として、ピブロス、ティロス、シドン、ティール、アッコなどが繁栄していた。ここを基地にしたタルシシ船団はやが

船尾の高いタルシシ船体の刻画。ロードアイランド・マウント・ホープの岩に刻まれたもの。（バリー・フェル著『紀元前のアメリカ』より）

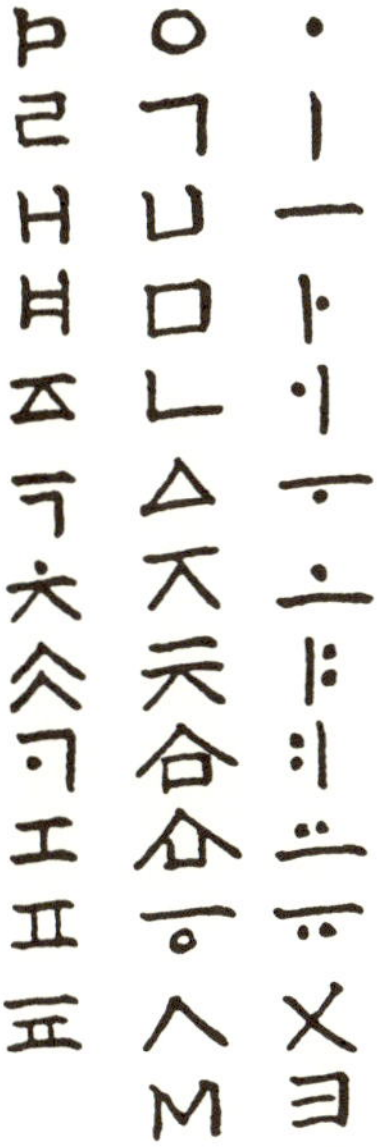

『檀君古記』の古代朝鮮文字カリムタ。
「檀君世紀」に「檀君嘉勒二年、三郎乙普勒、正音三十八字を撰して、是を加臨多《かりむた》と謂う」とある。

シュテラ・エル・パウルの雷神の絵
（M.D.Coe 著“The Maya”より）

て地中海を制覇し、さらに大西洋を越えてアメリカ大陸にまで到達していた。

一七八〇年、エズラ・スタイルズによって発見された（米国）ロードアイランド州ブリストルのマウント・ホープ湾岸の岩には、「タルシシ船の絵」が刻まれている。

また、メキシコのガテマラ・シティ郊外（マヤ文明の遺跡で知られている）のシュテラ・エル・パウルという石刻画には、頭上に渦巻きをつけた雷神の絵が刻まれている。これはフェニキア人の主神ダゴンの絵であり、その左側の文字は『桓檀古記』にある朝鮮の古代文字カリムタと同じであり、タルシシ船の渡来を示す遺跡とされている。

さらに、ニューハンプシャー州ユニオンで、タルテシア文字で書かれた非常に保存度のよい碑文が発見された。そして、マウント・ホープの碑文も、これと同じ型の文字で書かれていることが明らかになった。船体の輪郭を描いた曲線の下に、タルテシア・カルタゴ文字でただ一行、右から左へ次のように書かれていた。

「タルシシからの航海者、この岩が証明する」

この碑文の推定年代は前七〇〇〜六〇〇年ごろ、航海者は交易商人たちと推定されている。

東表の本拠地はボルネオ南部、倭人の祖王はナーガ族の王カーリア

『旧唐書』には、「倭国には神代文字があった」と記されている

「殷」の甲骨・金文文字は、太古のインダス文字を、インドのアーリアンが、骨や銅器に書きやすいように変化させた祭祀文字であった。北九州の東表国には、黒ロロ族のグループが先に上陸したらしく、そのためこの地には甲骨文字は伝わっていなかった。

「北史」は「（倭国に）文字はなく、ただ木に刻み縄を結ぶのみ」と記して、海南島や沖縄に結縄文字があっただけだとしている。しかしながら、『旧唐書』には「頗《すこぶ》る文字有り」と記されていて、倭国には神代文字があったとなっている。

豊国《とよくに》文字はインドのブラフミー文字やカロシティ文字と同じであるが、前八世紀からすでに九州にはこの文字が伝わっていたのである。

古いインダス文字・甲骨文字＝殷字が「漢字の元」とも知らない漢以降の中国人が、豊国文字を見ても文字とわからなかったのであろう。そのせいであろうか、日本の学者までもが、未

発音	種類	字体	発音	種類	字体	発音	種類	字体
a	K	[illegible]	dha	P	D	ha	ウガヤ	小
am	K	[illegible]	pha	P	6	ta	越・サンカ	[illegible]
i	K	[illegible]	ma	P	[illegible]	wa	豊・サンカ	[illegible]
u	K	[illegible]	ya	P	↓	to	ウガヤ	ト
e	K	[illegible]	la	K	[illegible]	chi	ウガヤ	[illegible]
e	P	o	sa	P	[illegible]			
o	K	[illegible]	sa	K	[illegible]	ni	越・豊・サンカ	[illegible]
ka	P	+	ha	P	[illegible]	na	ウガヤ	[illegible]
gha	P	[illegible]	a	豊	ア			
ta	K	[illegible]	a	越	[illegible]	wa	豊・サンカ	[illegible]
tha	P	[illegible]	i	越	[illegible]	he	サンカ	の
tha	K	[illegible]	u	ウガヤ・越・豊	ラ	ma	豊・サンカ	[illegible]
ca	K	[illegible]	e	越・豊	[illegible]	ya	サンカ	↑
cha	K	[illegible]	e	サンカ	[illegible]	ra	ウガヤ	ラ
ňa	P	[illegible]	o	豊	[illegible]	sa	ウガヤ・サンカ	[illegible]
na	K	[illegible]	ka	サンカ	[illegible]			
na	P	⊥				ha	ウガヤ	小

豊国文字他、Kはカローシティ文字、Pはブラーフミー文字。左上表はローマ字、ブラーフミー文字、カローシティ文字

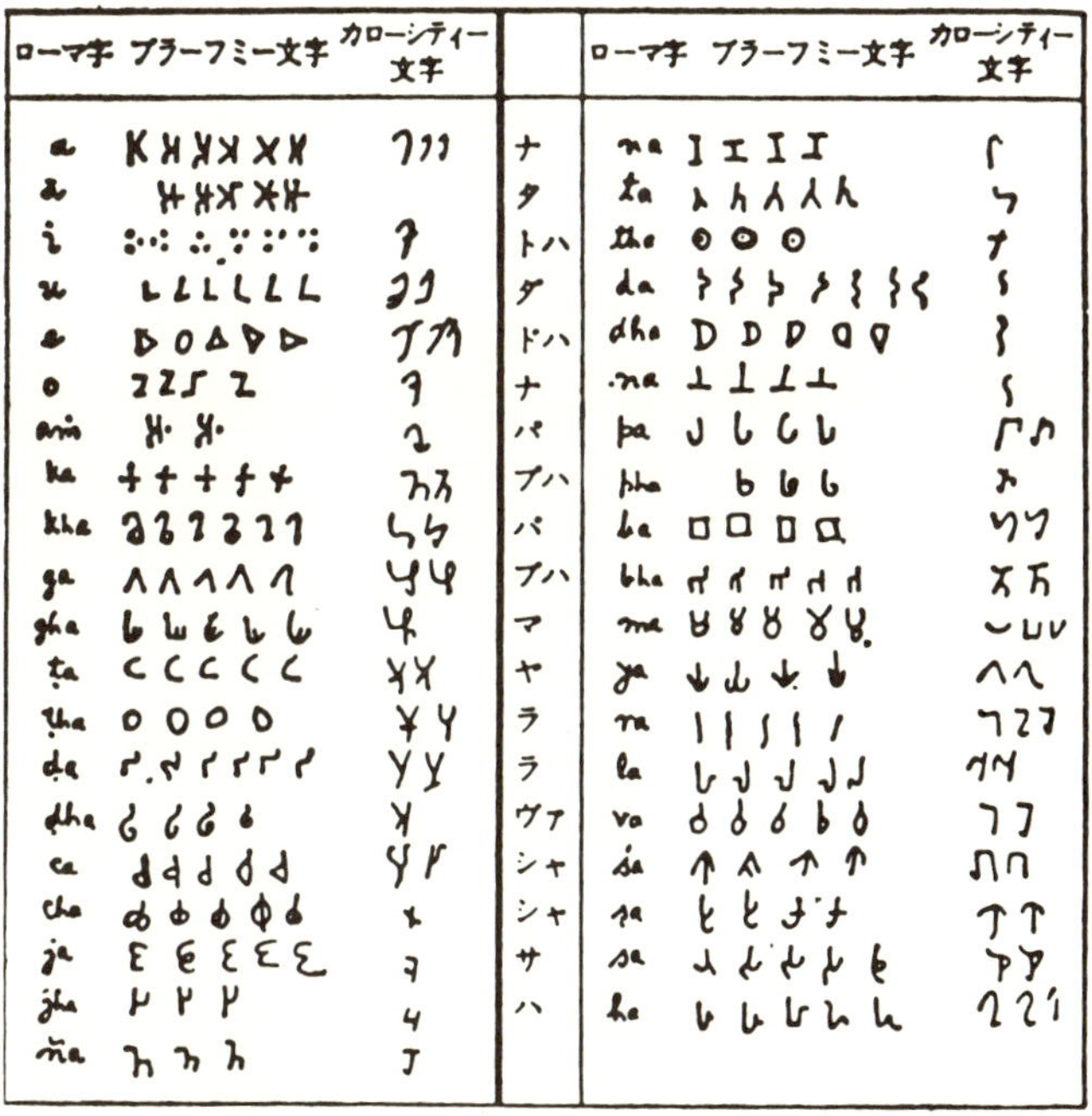

江西省清江県呉城出土の器物に刻まれていた殷の文字

だに「神代文字」の存在を否定しているのはおかしなことである。

東表の本拠地は、ボルネオ南部の八河地帯か

前一五〇〇年頃〜一二〇〇年頃、エブス人たちの海人はレバノンの沿岸都市アルワドからインド中部のロータルに移住し、デリーを経てマガダ近くまで移動した。そしてインド一六ヶ国時代には、アヴァンティ国・アウドを王都とするコーサラ国・アンガ国などの太陽（日神）王朝諸国になった。

彼らは、のちにマガダ国と戦うことになるが、私は倭人のルーツはこの人々のなかにあったと理解したい。アウドの人々は阿多隼人《あたはやと》として鹿児島に上陸したが、日向に入った人々は（直接には）インドネシアのチャム人らしい。

ジャワ島東部のスラバヤ北方に、マドウラ島がある。ここから海路北上するとボルネオ島のバンジェルマシンに至るが、そこは古くからの倭寇の基地だったといわれている。また、マドウラ島の人々は自分の土地に愛着を持たず、島々を渡り歩く漁民、船員、商人になった。この人々は元来インドのマルーワの移民で、エブス人やカルデア人の血をひく（最古の）海人族の子孫だった。

やがて、『山海経』にいう「耶馬提国《やばていこく》」が、この地につくられたことからすると、ボルネオ南部の八河地帯が「東表」の本拠であったと考えられ、このあと北九州の松浦《まつら》郡、すなわち『魏志』倭人伝の末盧《まつろ》国に移動して来たのであろう。

インドの最南端とセイロン島の間はポーク海峡というのだが、インド側にマドウラ（マドウライ）という港があり、また中央インドのデリー南方には、マトウラという町がある。

このポーク海峡のマドウラは、ナルバタ川河口のマルーワ（ロータル）とジャワのマドウラ島を結ぶ中間基地だったのではないだろうか。

さらに、千島列島にはマツア（松輪）島という島があるが、その名は東北に移動した「天の王朝」（チャンパ族）の水軍が、アメリカ大陸に航海するときにつけたものではないか。

パララーマが伐ったナーガ族の王カーリアが、倭人の祖王だった

コーサンビーの『インド古代史』は次のように述べる。

クリシュナ神話は少なくとも一二世紀まで、ヴィシュヌ派の偉大な学者ラーマーヌジャに至るまで発展していった。しかし、ここではこの物語を前四世紀までに限って論じるこ

とにしよう。

クリシュナに関する唯一の考古学的資料は、伝説上、彼の武器とされる飛び道具の車輪型の円盤である。これは敵の首を刎《は》ねるほど鋭利であった。この伝説は『ベーダ』にも記録されず、円盤も仏陀(前五〇〇年)のころよりも前に使われなくなったものである。ミールザーブル県(仏教経典にみえる「南山地方」と同じ)にある洞窟絵画には、二輪戦車の御者がこのような円盤を持って、(この絵を描いた)原住民を攻撃している場面を描いたものがある。

この絵画の年代は前八〇〇年ごろと考えられ、ヴァーラーナシーに最初に定住地が出来た年代とほぼ同じころであろう。この円盤型武器を使う二輪車の御者は、鉄鉱石を求めて大ガンジス河を渡り、この地方を踏査したアーリア人であろう(この鉄は、洞窟画の材料として使われている良質な赤鉄鉱である)。

クリシュナは、『リグ・ベーダ』ではインドラ神の敵の魔神で、その名はアーリア人に敵対した黒色の皮膚をした先住民の総称として記されている。しかし、実際には『リグ・ベーダ』時代の五大アーリア部族(パンチャ・ジャナーハ)の一つのヤードゥ族の英雄であり、彼はのちに半神半人となった。

ここにクリシュナ伝説の基盤がある。ヤードゥ族は、パンジャーブ諸族間の(不断の)戦争の際に、敵になったり味方になったりしたのに応じて、讃歌の詠人の「詩」によって、ときには呪われ、ときには祝福されたりしている。

クリシュナはまたサートヴァータの一人で、アンダカ・ヴリシュニの一人でもあり、母方の叔父のカンサから逃れて牧牛者の集団（ゴークラ）で育てられた。というのも、カンサは「妹（あるいは娘）デーヴァキーの息子のクリシュナによって殺される」と予言されたので、デーヴァキーをその夫のヴァスデーヴァと一緒に幽閉したためである。

ヴァスデーヴァの子のクリシュナは牧牛者の集団のなかで成長して、インドラ神から牛を救った。またパララーマと共同して、カーリヤという有毒で多頭のナーガ（蛇）族が、マトゥラー近くのジャムナー川の便利な沐浴場に人々が近づくのを妨げていたので、これを踏みつけて追い払った（だが殺さなかった）。ついで、クリシュナと、その弟で彼よりも強いパララーマは、この予言を実現する前に、カンサの刺客を闘技場で打ち殺したという。

ある種の原始社会では、姉妹の息子が首長の相続人かつ後継者であり、首長はしばしば後継者によって犠牲にされる運命にあったことを思い起こさねばならない。カンサの死はこのような原始的な慣習をよく示しており、またオイディプース（テーベの王で、父王を殺して母を妻とした）の伝承が、母系制社会ではどう行われたかを示している。

なお、カンサは青銅という意味があり、鉄器時代前の人物を表していよう。

この『クリシュナ神話』が『桓檀古記』に記録されていた。『桓檀古記』「檀君世紀、下」三六世賣勒《ばいろく》の条に、

「甲寅三八年、陜野侯裵幣命《きょうのこうはいへいめい》を遣わして、海上の諸族を征討させたところ、一二月には、三島（スマトラ・バリ・セレベス）悉く平らぐ」

とあり、同じく「馬韓世家、下」に、

「甲寅の年　陜野侯に命じて戦船五〇〇艘を率い、往きて海島を討たせしめ、以《も》って倭人の叛を定む」

と、ある。

毒矢を使うカーリアは、ナーガ族の酋長で青銅器を用い、クリシュナとパララーマは共同して鉄の武器で戦った。だから裵幣命とは、クリシュナの弟パララーマのことなのである。

この陜野侯については「檀君世紀、上」三世喜勒の条に、「戊申一〇年、豆州《ずしゅう》（夷津《いづ》）の邑《むら》が叛したので、その酋長・素戸毛犁《そしもり》を斬る。その後、孫に陜野奴という者有り」とあって、この「素戸毛犁」は前後の関係からバビロンのウルク王ウトヘガルであることがわかる。

そして、陜野侯はのちの（多羅王）陜父の祖先であるから、ここでウルク王ウトヘガルと陜父のニギハヤヒの中間に、陜野侯となっているパララーマが介在することがわかり、そのパララーマが伐ったナーガ族の王カーリアが、倭人（の祖王）だったということになるわけである。

即ちナーガ族の王カーリアは、当時の大スンダ列島の支配者だったのであろう。

第六章

古代中国は、民族の坩堝《るつぼ》

秦はバクトリアの植民地、夏王のモデルはハムラビ大王

秦国は、バクトリア＝大秦国《だいしんこく》（始皇帝の本国）の植民地であった

鹿島は、秦始皇帝《しこうてい》陵出土の兵馬俑《へいばよう》が中国人のそれではなく、ペルシア軍団のものであることを考証し、さらに新たな地下宮殿の発見を中国政府が隠ぺい工作したことを指摘した。

これについては「日本に運ばれた兵馬俑」しか見たことがない人にでもわかるように、写真入りの『秦始皇帝とユダヤ人』で詳しく述べ、人民中国の教科書までもが歴史をゆがめていると、実に見事な中共批判を展開した。

始皇三四年（前二一二）に出されたという焚書令《ふんしょれい》とは、秦の記録以外の史書をすべて焼き、この世から消し去ることであった。「六国年表」などの諸侯の記録はもちろんのこと、民間にある詩・書・百家の語（録）などもすべて回収して、秦以外の史書、詩経、書経をことごとく焼き捨てさせたのである。

焚書令の翌年に、いわゆる坑儒《こうじゅ》事件が起こり、この法に触れたという罪で、儒学博士や史学

者たち四六〇人余りが首都で生き埋めにされた（ここまでの紀年号は『史記』によって記す）。

これは一体どうしたことであろうか。「秦本紀」には、「秦の先祖は、黄帝より出で――」となっていて、秦という国が、古くからこの地（中国）に存在したように記してある。

それが本当ならば、どうして中国の古代からの歴史を抹殺する必要があったのか。また、短期間のうちに全中国を制覇したという秦軍の将軍や精鋭は、その後どこへ行き、どうなってしまったのであろうか。

これについて鹿島は、「周知の古典『史記』に問題がある」として、次のように述べている（要約）。


中国随一の歴史の古典とされる『史記』によれば、中国古代では前一六〇〇年から殷の時代が始まり、次に周が起こり、やがて長い春秋戦国時代に入る。孔子、孟子が活躍し、のちに儒教のもととなった数々の古典を残したのも、この時代となっている。そして始皇帝によって秦が統一を果たしたのが、前二二一年とされている。

しかし、秦の台頭は余りにも目覚ましく、圧倒的な強さを誇った軍事力も謎に包まれている。また統一後の政策や事業のやり方も画期的で、それまでの中国に例を見ないような

ペルセポリス王宮の柱頭を飾る頭部（上図）
イッソスの戦い（紀元前333年）のモザイク画（左図）
戦車で逃げるのがダリウス王
ポンペイ出土（ナポリ博物館）
（『秦始皇帝とユダヤ人』より［下も］）

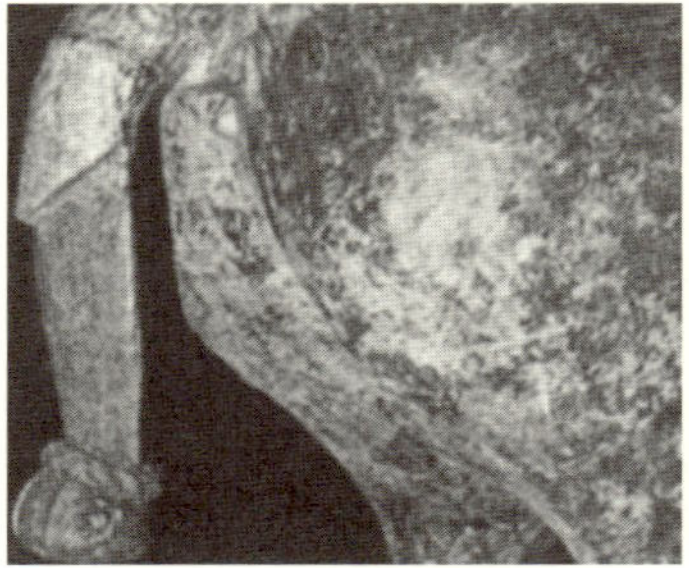

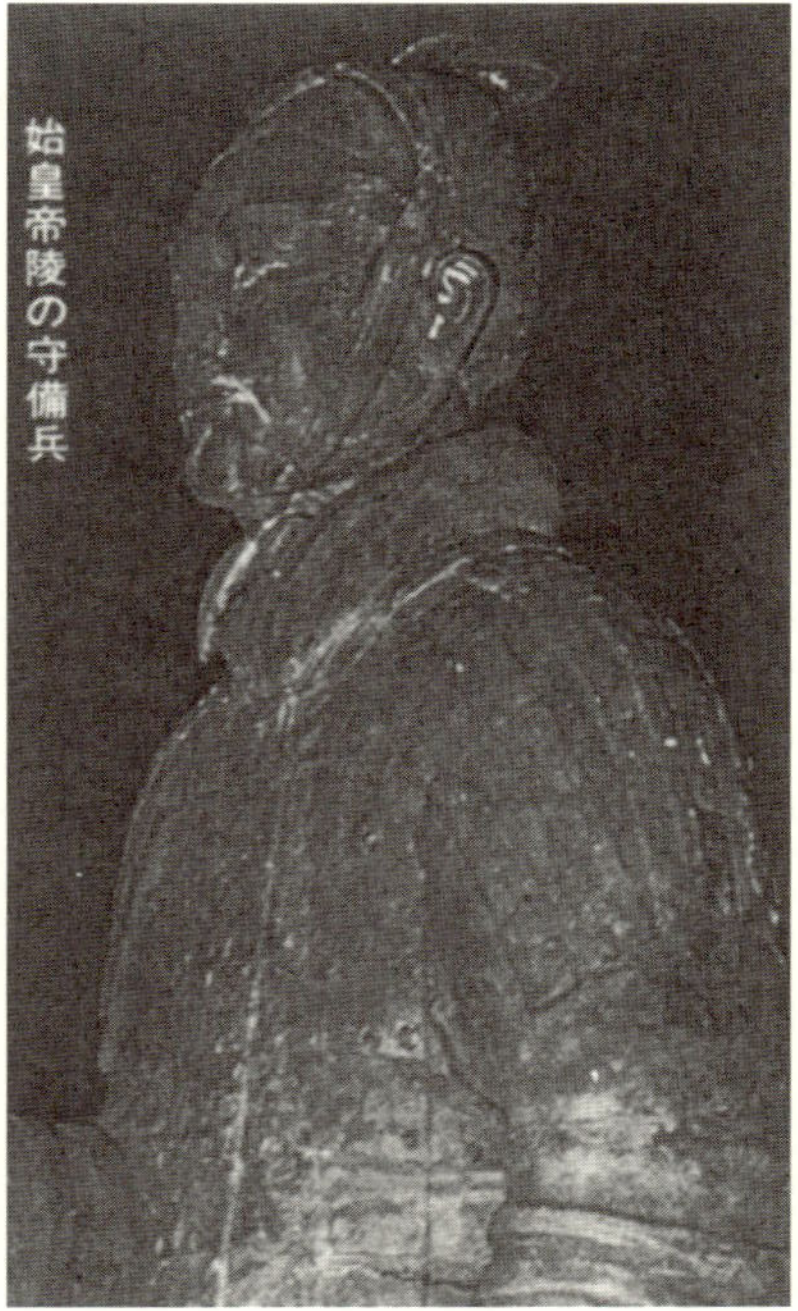

始皇帝陵の守備兵（右図）
陶馬の頭部と尾部（左図）
ナポリ国立博物館にポンペイ出土のモザイク画があり、前333年アレクサンドロスがダリウスとイッソスで戦う状況が描かれている。このダリウスの顔を見ると、かぶとの上をマフラーのようなもので包み、よろいには肩当てがあり、脚のつけねの部分は逆U字形にえぐられている。またペルシア軍の乗馬には、耳としっぽのつけ根とが結ばれている。これらの珍しい特徴は西安出土の武人俑と陶馬に全く一致しているのである。また武人俑の顔つきは、今日残っているペルシア軍人の特徴と酷似しているから、上の写真と比較してほしい。

革命的なものであった。

一九七四年、洛陽郊外で陶馬《とううま》と武人俑《ぶじんよう》が埋めてある始皇帝陵が発見された。さっそく行ってみると、ここで発掘された兵士の像が、ペルシアのダリウス三世の「桂甲《かつらこう》」とまったく同じものを着用している。さらに、その乗馬はともに耳の付け根を結んでいて、秦とペルシアの同一性を示すものと思われるのに、中国では誰もこの点を指摘しない。

ナポリ国立博物館にポンペイ出土のモザイク画があり、前三三三年にアレキサンダー大王（前三五六〜三二三）が、ペルシアのダリウス三世と戦った状況が描かれている。その絵のペルシア王ダリウスの顔を見ると、兜の上をマフラーのようなもので包み、鎧には肩当てがしてある。またペルシア軍の乗馬は耳、そして尻尾が結んであって、こうした技術は、始皇帝陵兵馬俑のものと一致している。

日本に運んで一般に公開される展示物を見ただけでは、なかなかわからないが、現地の兵馬俑を見ると、まことに写実的であり、実寸大の人物が漢民族より長身であった。この人形は当時の人物の実物大というが、その顔付きもまさにオリエント的といってよく、西域人を彷彿とさせるものであった。

その後、地下宮殿も発掘されたという話はあるが、なぜか具体的な報告はない。また、一度掘った兵馬俑を埋め戻している。

これは、何か決定的な出土品によって、始皇帝陵と、兵馬俑の真相をつかんだのに違いない。そのため、発表を差し止めているのであろう。

始皇帝は今もって中国史上、最大の英雄の一人である。その人物が、もし異国人であったならば――。そして、秦帝国がバクトリアの植民地であり、秦以前の歴史がことごとくオリエント史の翻訳でしかなかったとすれば――。

中華思想という空疎な自負心によって、ウソでかためた中華文化を誇り、実質のない面《めん》子《つ》を重んじる歴史オンチな中国人にとって、これは非常に困ったことに違いない。

だが、前四～三世紀の時代、西域を本拠にして中国大陸を侵略するほどの大国は、グレコ・バクトリア王国しかなかった。バクトリアは中国史では「大夏国《たいかこく》」と書かれているが、仏典には「大秦国《だいしんこく》」とあって、実はこのバクトリアこそ始皇帝の秦国の本国であったのである。

本国と分国がある場合、中国史ではしばしば本国のほうに大をつける。この論法でいえば、大秦国は秦の本国であり、秦は大秦国の植民地であったということになる。

『史記』に夏、殷、周、そして秦と漢字で記されているところの歴史は、すべて古代オリエントの都市ないし帝国の歴史の書き換えであった。

古代の中国の歴史とされているものを、古代のオリエントの歴史と比較していくと、歴史の流れ、事件、登場人物が偶然ではすまされないほど見事に対応しており、中国の歴史はオリエントの歴史のソックリさんであることに気づく。

もとより単純な翻訳ではないから、それを見抜くことは容易ではないけれども、綿密に対比する作業を続けていくと、手のこんだ中国の歴史屋の作業が見えてくる。

その張本人の一人は『史記』を書いた司馬遷（前一四五〜八六）であり、さらに司馬遷のその道の先輩は孔子であった。

しかも、その孔子の正体は実はシナ人ではなく、ユダヤ人のラビ（律法者）であるエリヤがモデルだった。

韓、魏、趙、斉などの王室が、競ってその宗家と仰いだのは周王の系譜であったというが、その周の歴史はすべてアッシリアの歴史であり、秦はペルシア帝国と深い関係があった。

前三三一年、ギリシアのアレキサンダー大王は、ダリウス三世のペルシア軍をユーフラテス河畔で撃破し、広大なペルシア帝国の版図を占領して領土とするが、その後の展開はどうなっていったのであろうか。

それは、従来の史料だけではよくわからない。

『史記』に出てくる夏王は、ハムラビ法典で名を残したハムラビ大王

司馬遷はその著『史記』を、黄帝（中国古代の伝説上の帝王。姓は公孫、名は軒轅《けんえん》）から始めている。そして、彼は自らこう記している。

「高位高官にある者や知識人は、黄帝について口にするのを憚っている。だが、黄帝をたたえている地方に行ってみると、風俗、教化が非常に優れている」

無論、こんなことはデタラメであるが、司馬遷は黄帝を誇大に宣伝していた。夏、殷、周の祖王を、すべて黄帝の子孫とし、理想の統治者として自著『史記』の冒頭に描き、漢民族アイデンティティのシンボルとしたのである。

予言とシミュレーションをメシの種とする西欧占星術師の教本「オリエント史」を、地名遷移と漢字に書き換える方法によって「中国史」とした司馬遷の『史記』に記す黄帝の治績（政治

的な功績）が、実はアッカド王サルゴンをモデルにしたバビロンの歴史であったことは、すでに数々の鹿島の著書によって明らかにされている。

これに続く夏王・禹《う》も中国ではその存在すら証明されていないが、実は殷の存在も危うい。中国側の通説では、河南省安陽《アンヤン》県に殷墟があり、それが殷の故地《こち》（もと所有した土地）であるともいう。

他に河南省・偃師県《えんしけん》の城址もその一つで、前一六〇〇年頃、殷の初代王・湯《とう》が住んでいたという説が中国では有力である。デッチアゲもここまでやればたいしたものだ。同じく河南省の鄭州《ていしゅう》市で、殷中期（前一三〇〇年頃）の城址と目されているものがある。そして湖北省武漢市の近くには、殷代の地方都市を思わせる盤竜《ばんりゅう》城址がある。

前一六〇〇年から前一一〇〇年頃を、中国史では殷の時代としている。そしてその時代に、ここにあげた遺跡のもととなるべき何らかの文明が存在した可能性は高い。

しかし、そのことと、いわゆる殷の歴史とを同一視してよいものだろうか。司馬遷やその先達たちが残した中国古代史にあてはめて、こうした遺物を眺めると、歴史の実像を見誤ってしまう。ここでは、『史記』の殷という極端に曲がったレンズを通して考えないことが肝要なのである。

肝心の『史書』が借り物であるならば、それにあてはめて遺物を眺めても、その遺物は決して真に理解されることはない。このことは日本史（『記紀』）の、いわゆる天皇陵についても当てはまることであろう。

「殷」の歴史もまた、オリエントのイシンという都市国家の歴史を漢訳したものにすぎない、と考えられる。「夏」の歴史の後期は同じくメソポタミアのラルサ史であった。これと時代を同じくする都市国家がラルサの北にあるイシンであって、そのイシンの歴史を持って来て「殷」の歴史としたのである。

つまり、同時代にあった（オリエントの）二つの国家の歴史を前後タテつなぎにして、夏と殷にしたのが『史記』の手法であった。

この時代に、ハムラビ法典で名を残したハムラビ大王が登場した。彼こそが、実は夏王のモデルになっているラルサを滅ぼしたバビロン王であった。

ここで読者のために、鹿島流「歴史の学び方、考え方」を紹介しておこう。

いまこそ大事な、鹿島流「歴史の学び方、考え方」

鹿島は『歴史捏造の歴史』のなかで、次のように述べている。

わき道に外れるが、ここで人が歴史を学ぶプロセスを考えると、小学生のころ、歴史とは童話であり、中学校では教訓として学ぶ。高校に入るとようやく古典を読んで信じる。このことは中国の科挙史学、朝鮮のヤンバン史学と同じであって、すなわち古典教条主義である。しかし、大学に入ると古典がウソだとわからなければいけない。

日本では古史古伝を併読して学び、中国でも苗《ミャオ》族がシュメールから渡来したという伝承などを組み入れて考えなければならない。日本人は高校で漢文（白文。句読点のない漢文）を読む勉強をしておかないと、歴史書を理解できなくなる。

たとえば、『晋書』に「卑弥呼は公孫氏の女なり」とあり、また七支刀《ななさやのたち》の金刻字には「百済王の世子、奇しくも聖音に生まれ、故に倭王と為る」とあるが、専門家と称する学者たちはそれらを自分の都合のいいように曲解し、誤読して、いつまでも正しく理解しようとしない。

きちんと高校で勉強した人は、大学に入ると歴史の古典が虚構であり、ここに述べるように『史記』や『記紀』が借史であること、しかもその古典を専門家がわざわざ曲解・誤読している実情が理解できるであろう。司馬遷の『史記』が歴史を曲げて星占いの「教訓」

を記しているのは、それが中学生向きの教条的歴史書だからである。

周の武王に、諸侯は「紂は伐つべきです」といった。しかし武王は「そなたらは未だ天命を知らない」といって引き返した、と『史記』にある。

このとき、紂の叔父の比干《ひかん》は「臣下たる者は、一命を投げ出しても諫争《かんそう》しなければならない」といって強く紂を諫《いさ》め、そのあげく比干は殺される。

紂の異母兄の微子啓《びしけい》も、紂を諫めたが聞き入れられなかったので国外に去った。

紂の臣・箕子《きし》は恐れて、狂気をよそおい、奴隷に身を落としたが、紂に捕えられる。この（賢人）箕子の子孫が、のちに満州にあった奇子朝鮮の王になったという（俗に「箕子朝鮮」とも書くがこれは誤り）。

司馬遷はこのような教訓事例を創作し、自らが身を置く漢王朝の腐敗に対して、臣下たちのとるべき道を例示したのである。

このように、古代における歴史書の役割は重く、良かれ悪しかれ政治のお手本であり、いわば憲法判例集ともいえるものであった。それ故に、過去を客観的に示すものとは言いがたく、我々は書き手の創作を想定して推理勘考せねばならない。従って一方においては、『史記』を文芸の書として読む意義は十分にあるし、これを種本にして次々に新しい歴史小説（司馬遼太郎風のフィクション）が生まれるのも肯けるのである。

さて、殷の湯王《とうおう》は征討軍を起こし、諸侯を率いて夏の桀《けつ》を討った。湯は「私は非常に勇武であるから、武王と号することにしよう」といった。勇武であるから「武」と号するのは自然であるけれども、この湯が（『史記』のなかの）殷の開祖なのである。

のちに周の武王も殷の紂を伐ったわけであるが、これら武王の「武」に気をつけよう。「武」はしばしば中国の史書では始祖を表すから――。

日本史でも「武」のつく天皇、すなわち神武天皇、天武天皇、桓武天皇の三人の天皇が存在する。これら三人の天皇がすべて新王朝の祖王であった。それは「武」には革命的な意味があったからにほかならない（つまり「万世一系」ではなかったということだ）。

以前、アマチュアの研究家も同じことを言ったが、いわゆる専門家はまったく理解せずに、アカデミズムは申し合わせて無視してしまった。それが今の日本史学のレベルなのである。こんなものを史学者というのは気が引けるではないか。

殷という国は存在せず、殷墟はカルデア人の海賊（貿易）基地跡

殷という国家が中国に存在したという証明は、いまだなされていない

「殷」という国家は、果たして中国に存在したのだろうか。『史記』によると、湯王から数えて歴代の王は三二代にも及ぶ。しかし、今日に至るまで殷王の存在を示す墓地も王陵も、何一つ発見されていない。古代エジプトの諸王の名を残した墓陵・ピラミッドが多数存在するのに比べると、きわめて不自然で不思議なことではないか。

殷代の遺跡とされるものも、外国人研究者にはオープンにされず、埋め戻されることが多い。考古学上の年代が、史書にある殷の時代らしいから、殷の遺跡と言っただけなのである。

こうしたことは日本の考古学者も同じで、日本では、卑弥呼古墳であることが明らかな巨大古墳の日向西都原《ひゅうがさいとばる》古墳を、時代をずり下げ、ごまかし、そうではないと強弁している。そこから出土した舟形土器を見れば、その人々が「海の民」であることは一目瞭然である。

このように、中国と日本では考古学が歴史偽造の道具になっているのである。

墓や王陵がなくとも、殷時代の甲骨文字が多数残っているという見解もある。殷王の名も散見される。しかし、その内容を仔細に見ると、占い者が殷王某の意向を伺ったということで、「イシンの植民地」から遠く「本国の王の意思」を求めたと理解すべきものであり、その甲骨文字もある種の古代インダス文字と酷似している。

しかも、象とかキリンとかいった、バビロン南方(アフリカ)の動物を示す文字までが含まれているのである。

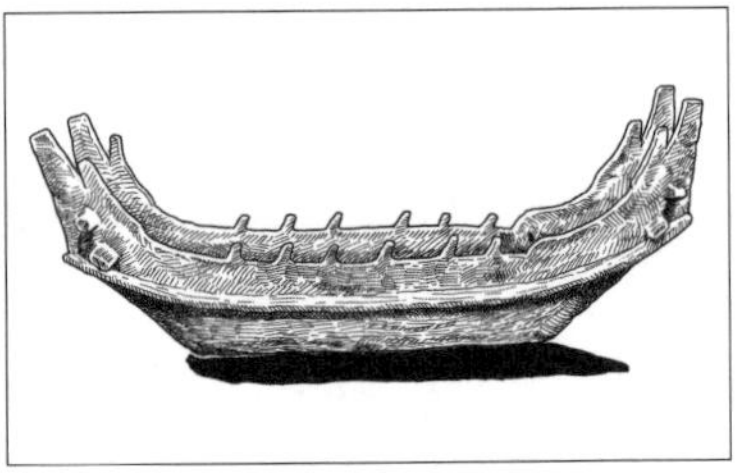
舟形土器

殷墟は、イシンの貿易を支配したカルデア人のシナ海賊基地の跡

殷のころ、オリエントではイシンという都市国家がメソポタミアの一部を支配していた。そのイシンの貿易者または海賊であったカルデア人は、さらにマカンからインダス河口を支配していた。これを「海の国」というが、殷墟といい、殷王国といっているものの実体は、イシンの貿易を支配した「海の国」カルデア人のシナ海賊基地の遺跡であった。

海の国マカンの海賊(貿易商人)たちがシナ大陸に古代インダスの象形文字を持ち込んで、これがのちに甲骨文字へと発展したのである。

司馬遷はここでマカンと韓の関わりを抹殺して、「五〇〇〇年大変説」にすり替えた。『史記』韓世家を解読すると、韓の前半はマカンの歴史であるが、マカンが洛陽に移ったあと、まったく別のテーベ史を持ち込んで、これを翻案して韓の後半部として書いている。これが司馬遷の歴史偽造のキーポイントであった。


注・この頃のマカンには、基地は二つあったと考えられる。一つはペルシア湾のバハレーン島であり、いま一つは二〇世紀末に発見されたインドのカッチ湿原に浮かぶカディール島（パキスタンに近い）の「ドーラ・ビーラ遺跡」であろう。

二〇〇〇年三月四日付の朝日新聞は、「モヘンジョダロ・ハラッパに匹敵／インダス文明の都市発掘」として大きく報じ、前三〇〇〇年から同一五〇〇年までのインダス文明の都市構造がほぼ完全に残っている様子を写真入りで紹介した。ここからはインダス文字（一〇字）の大看板や印章二〇〇点以上、土偶や青銅器、多数の土器も出土しているが、インド考古局は、港湾城塞の建設に使われた日干し煉瓦の違いなどから、前三〇〇〇年から七つの時代に分けて研究を進めているという。

当時はバハレーン島がバビロンのマカンであり、ドーラ・ビーラがインダスのマカン（韓）であったものか、この二つのマカン都市国家を合わせて「海の国」と称し、王族や貴族たちはアラビア海を自由に往き来して、カルデア人の世界貿易（海賊交易）を監督していたのであろう。

鹿島は「漢字の祖型にあたるシナの甲骨文字と、インダスの象形文字を比較し、かつ、甲骨文字のなかに南方海域やインダス文明の色彩が強いことがわかれば、漢字の源流についての疑問は解けるであろう」として、数々の考証を行い、この仮説を裏付けている。

前六八〇年、マカンを支配した「海の国」の王ナブゼルキットイリシルの時代に、マカンは遠くシナ大陸の平陽、宜陽、鄭などに植民して、その地に「韓」という小国を建てた。洛陽近くから出土した韓の「羼氏《ひょうし》の鐘」に金刻されている、「将校羼氏が本国マカンへ召還されてエジプトへの遠征隊に従軍し、手柄を立てて表彰された物語」は、それを証明するものであろう。

周はアッシリア、殷はイシン

司馬遷、司馬遼太郎の著したものは、史実ではなく文学作品（創作）

司馬遷の『史記』では、殷と秦の間に周という国家があったことになっているが、この歴史は実はアッシリア帝国の歴史がモデルであった。

オリエント史を見ると、アッシリアという帝国の歴史は実に長く続いている。盛衰はあったが、この帝国は、ヒッタイトの保護国の地位から前一八〇〇年頃に独立して、前六〇八年までその名をとどめた。

周史がモデルとしたのは前一二七四〜同六〇八年のアッシリアであり、それ以降の周史は、オリエントにおいてアッシリア帝国が姿を消したあと、前五三九年以降のペルシア帝国の中にあったアッシリア自治区の歴史なのである。ちなみに、中国における周の全国支配は前一一世紀から前八世紀とされている。

周の治世といっても思い起こせる事件は乏しく、まずは封建制度を始めたことくらいであろうか。

俗に「殷周革命」と言われるもののモデルは、イシンの後期王朝がマルドゥク某とナブシュミリブルの時代に滅んで、バビロンの覇権が大局的にアッシリアに移った歴史の流れであり、「殷周革命」は、この流れを脚色して一つの芝居「五〇〇年大変説」の見せ場としてつくられたものである。これがのちに『封神演義《ほうしんえんぎ》』のタネ本となった。

司馬遷のやったことは、同姓の小説家・司馬遼太郎などの先例というべきものであり、偶然にも、両人はともに真実の歴史を抹殺して、文学作品（創作）そのものを歴史として大衆に誤信させることとなった。しかし、フィクションをもってノンフィクションと思い込ませるのは、許されることだろうか。それは、ある種の文化に対する犯罪である。それがどれほど両国の文化をダメにしたかはまだ誰も指摘していないが――。

アッシリア（周）がイシン（殷）を滅ぼしたことにした

オリエント史において、イシンはアッシリアに滅ぼされたものではなく、アラム人によって滅ぼされた。しかし『史記』では、漢が秦を放伐したというデッチアゲの先例として、オリエント史を素材に、アッシリアを周とし、イシンの殷を滅ぼすという壮大な大河ドラマを仕立て上げた。

「周本紀」には、次のように記されている。


武王が殷に勝ってから二年後に、紂に囚えられていた箕子に殷が滅びた所以《ゆえん》を問うた。箕子は殷の悪を述べるに忍びず、国の存亡する道筋を答えた。武王も問いの酷であったことを恥じて、改めて天道について問うた。

武王が病気にかかった。――周公旦は不祥を除き福を求めて斎戒し、自ら生贄となって武王に代わろうとした。武王はいったん平癒したが、やがて崩じた。


ここに登場する箕子が奇子朝鮮の祖であるというが、この「賢人箕子」の物語も、司馬遷作『史記』大河ドラマのフィクションなのである。

前六世紀頃、洛陽北方の平陽に移民したマカン人の集団が「韓」という小国家をつくった。その後のことを、『檀奇古史』は次のように記している。

「韓末期の晋王のモデル＝バビロンの将軍サトラップと同僚のマザウエスは、前三二四年に、アレキサンダー大王に従ってシルクロードを驀進《ばくしん》して長安に至り、ついに洛陽の韓攻撃に参加した。大王の軍が引き揚げた後に、将軍マザウエスの部隊が韓人（マカン人）とともに満州に移動して奇子朝鮮を建てた」

そしてこのとき、燕《えん》（フェニキア人の国）はカルデア人の亡民をも吸収したらしい。

戦国七雄の一つ、遼西の燕国は海洋民族の移民の国だったから、このあと中国を離れて、その一部がアメリカ大陸に渡った形跡がある。

漢民族は「すべて黄帝の子孫」と信じているが、黄帝は架空の人物

中国の歴史家は、「中国五〇〇〇年の歴史」と、あたかも中国の古代文明が自生でできたかのようなことを言うが、それが虚構であることは、すでに繰り返し論じてきた。秦以前の中国史はすべて外国の歴史をモデルにしたものであった。殷、周の時代の歴史も虚構なら、中国をはじめて統一した秦帝国も虚構であった。

なぜ、そのようなことが行われたかというと、それは中国人の中華思想と密接に結びついているからである。そこで、その中華思想について、あらためて考えてみたいのだが、「漢民族はすべて黄帝の子孫である」というのが、まずデタラメであった。

黄帝は、実は漢民族とは関係がない。司馬遷らが、アッカド王サルゴンをモデルにして創作

した想像上の大王だ。それを含めてすべてはつくり事の歴史だが、天皇の「万世一系」を信じる日本人も、檀君桓雄《かんゆう》の「万世一系」を信じる朝鮮人も、ともにこれを笑えないのである。それは、麻薬的な権力幻想がつくり出したきわめて幼稚な観念であり、幻想であった。

こんなことを民族のアイデンティティにするのは、架空の神話によって日本を神国というのと同じで、世界から見れば野郎自大の思い上がりもいいところだ。このような歴史の偽造と認識錯誤が、中国文化の致命傷であり続けたといってよいだろう。

中国大陸を杭州、武漢、西安と貫いて線を引くと、その両側の住民は黄河文明の北方型モンゴロイドと、長江文明の南方型モンゴロイドとに分けられる。血液型も顔の形も言語もまったく違う別の民族なのである。このような別々の民族が、インダスから渡来した外来の（自らは正確に解読できない）いわゆる漢字によって、暴力的に、多くの民族を統合しようとしたということである。

現在、漢民族が「すべて黄帝の子孫」であり、単一の民族であるとする見方は、さすがになくなってきている。李済の『漢民族の形成』が決定的な影響を与え、「漢民族と汎称される民族の構成はきわめて煩雑であり、その言葉の持つ意味のとらえ方も多様である」というのが、定説である。

また、漢民族の形成についても、「往古より肥沃な黄河の中・下流域地方を中心とする華北の地に、それぞれ系統を異にした諸民族が、おのおの固有の文化を持ち寄って集まり、異文化の集結と融合により、特異な高文化をつくり出した」とされている。

漢民族が、自身を漢民族だと認めたのは、漢帝国なる王国を興してからである。漢帝国の一員であることを認めた個々人または集団が、漢人と呼ばれ、漢民族と称されることを自他ともに容認したことによって、漢民族とか漢人という名称が徐々に固定し、今日にまで受け継がれているのである。

とすれば、漢帝国以前のある種の複合民族集団は何と呼ばれていたか。彼らは、秦人《しんじん》と呼ばれていた。秦の始皇帝により統治されたため、秦人と称され、それが今日のシナすなわちチャイナとして、受け継がれているのである。

古代中国には、現日本人のルーツ複数を含め、さまざまな民族が入り乱れていた

孔子はエリヤ、孟子はアモス、列子はプラトン、荘子はアリストテレスがモデル

『史記』「三皇本紀」の「黄帝の前の女媧《じょか》氏が、蘆の灰を集めて大洪水をとどめた」という神話は、『聖書』にある「ノアの大洪水」の神話に相当する。

前二八〇〇年頃、ノアの大洪水を止めたのは、神官ズイウギドであったが、中国史の「女媧」はこのズイウギドの訳語であった。

中華意識に染まった中国人も、日出ずる国と言われていた日本人も、オリエント史にはまったく無知だったから、今日まで、鹿島以外は誰一人としてこのことに気づかなかった。

ただし、和辻哲郎はある程度は気づいていた。和辻の『孔子』には、「孔子や孟子の伝記がどれも曖昧なものばかりで、どれだけ歴史的真実性を持っているかはっきりしない」とある。

それが、鹿島になると、いっそう徹底していて、次のように述べている。

『史記』の老子はサムエル、孔子はエリヤ、子路はエリシャ、孟子はアモス……列子の師という壺丘小林《こおこりん》はソクラテス、列子はプラトン、荘子《そうし》はアリストテレスがそれぞれモデルであった。

このような借史の事実を発見したのは世界でも鹿島がはじめてであるが、偽造された冗漫な文学的中国史を信奉する歴史学者たちは、強力なバリアーをつくって鹿島の歴史観を受け入れようとしない。

かつて矢切止夫《やぎりとめお》氏が車の中で、鹿島に、

「あなたのタネ本は何ですか」

と、尋ねたとき、鹿島は、

「そんなものは存在しない。似たような説があれば教えて頂きたい」

と、答えている。

秦国滅亡後、弥生時代の日本へ渡来し、吉野ヶ里に倭奴国をつくった

さて、秦帝国のその後である。秦の本国バクトリア（大秦国）における、ディオドトス二世と

将軍エウチデムスの同族戦争の結果、敗れたディオドトス二世（胡亥《こがい》）は父のいる秦帝国に逃れた。しかし、前二〇一年、始皇帝が亡くなると、前二〇七年、エウチデムスは洛陽で二世・胡亥を殺し、翌年、三世の子嬰《しえい》を廃して秦帝国を滅ぼした。

だが、エウチデムス（項羽《こうう》）自身も、前二〇二年、当時のオリエントに比較してひどい蛮地であり、法と秩序を守らない人々のいる中国大陸を見捨てて、本国に引き上げ、やがてバクトリアからインド亜大陸に転進してしまった。

従って、「項羽の楚と、二世・胡亥の秦との戦い」なるものはまったくのデタラメで、『史記』のいう秦、楚の争いとは、バクトリアの貴族同士の内ゲバであり、将軍エウチデムスが、父のいるシナ大陸に亡命したディオドトス二世を追討した戦いなのであった。

エウチデムスがインドに去ったあと、とり残された若干の秦人は、奇子朝鮮の残党とともに朝鮮半島南東の秦韓を経て、弥生時代に日本へ渡来した。そして、九州北部の東表国、のちの駕洛《から》国の助けを得て、吉野ヶ里から鳥栖にかけての地に倭奴国《わどこく》をつくった。

一九九八年二月二〇日付の読売新聞で、吉野ヶ里の遺跡から銅鐸が発見されたことが報じられた。これを九州独自のものでなく、近畿の銅鐸の模倣であるとする学者がいるが、それは逆である。銅鐸と前方後円墳が、秦人の流れを汲む、のちの秦王国文化の特徴であったことを、考古学者もアカデミズムも認識すべきであろう。

神武に国を譲り、大和に移った秦王国＝伊勢国と倭国が合体して、日本国となった

このあと満州の扶余王・仇台《きゅうだい》（ウガヤ王朝の後裔・仇台二世）は公孫氏と連合して遼西（北京周辺）にいたが、魏の勢力に押されて帯方郡に逃れ、伯済国《はくさいこく》を立てた。やがて合流してきた公孫氏とともに、これを百済国《くだらこく》と改め、自ら百済王・仇首《きゅうしゅ》となったが、さらに南下して二一四年、博多近辺に伊都国を建てて一大率《そつ》となり、イワレヒコと称した。このイワレヒコこそは、のちに神武天皇と呼ばれるようになった人物である。

倭奴国《わどこく》は、その仇台（神武）に国土を譲って中国地方から大和地方に移り、『北史』に秦王国、『日本書紀』に別倭とある（手工業者主導の）伊勢国をつくった。この国はシナ渡来の秦人によって「日ノ本」ともいわれたが、やがてその国名は、大和から北に追われた千島アイヌによって遠く千島列島に運ばれ、彼らは千島のことを「日ノ本」といった。

六六三年、白村江の戦いでは、九州の倭国（邪馬台国または安羅国《あらこく》）は百済に味方したが、秦王国は新羅に味方して勝ち馬に乗った。戦後、唐・新羅連合軍によって日本列島が占領されたのちに、新羅の命令で秦王国と倭国が合体して日本国になった。

以上のように考えると、中国も、朝鮮も、日本も、世に伝えられた歴史はまったくのマヤカシであったことがわかる。

古代中国には、実にさまざまな民族が入り乱れていた

そもそも殷周の時代とは、中国大陸がカルデア人の海賊に支配されたり、アッシリアの流刑地であったりした時代である。春秋戦国という時代は、アッシリアの亡命者がしばしば中国に逃れた時代であり、のちにはペルシアの遠征隊が、中国大陸でウラルトゥ、キンメリや、クル、コーサラ、マガダなどの移民団と戦っていた。

秦帝国が、アレキサンダー大王がつくらせたグレコ・バクトリア王国の、中国における植民市であったことはすでに述べたが、これは歴史的にアレキサンダーの大遠征を完成しようとしたものでもあった。

ペルシアの史書には「アレキサンダーが西安で多数のシナ人を虐殺した」と書かれてある。秦漢革命なるものは、実は「シナ人だけは統治しがたい」として、バクトリア人が中国を捨ててインドに転進した歴史を、中国人サイドから「負けるが勝ち」とばかりに、いいように書き換えた歴史であった。

それでは、秦以前の中国の先住民はどんな連中だったのかというと、いまニューギニアなどにいるメラネシア（かつては人食人種として有名だった）と、バビロンからバンチェンを経て山東半島に進んだ苗族《ミャオ》である。

その苗族に接触して誕生した種族には、ミクロネシアとツングースもいた。はるかインド洋を越えて渡来したフェニキア人もいた。彼らは、のちに混血してポリネシアになる。

フェニキア人はインドでアヨーディア王国をつくり、沖縄に巨石文化をつくったが、海没したために九州に移動し、さらに朝鮮に進んで駕洛《から》国の金氏となった。このあとナーガ族の朴氏が沖縄に移る。

フェニキア人やカルデア人に接触し、またミクロネシアなどと混血して誕生した南方型モンゴロイドもいた。シルクロード経由のチュルク人、ウラルトゥ人、ウイグル人、キンメリ人などの匈奴もいた。さらにアレキサンダーに率いられたユダヤ人とバビロニアの遠征部隊がいた。マカンの移民であったシャキイ族やヤードゥ族もいた。

シャキイ族を主流とした瓦人《わじん》の子孫をはじめとして、クメール族、ナーガ族、ムンダ族などは、包括して「北倭」と呼ばれた。

要するに秦の侵略によって雲貴高原、満州、朝鮮などに分かれた人々が、中原の先住民族だったのである。始皇帝が即位した時代には、すでに万里の長城の北東には、山西省大原あたりの故地から移ってきた中山国のヤードゥ、またはシャキイ族が率いる「東胡《とうこ》」がいた。

西方内陸部には匈奴が、長城の内側にはいわゆる智淮氏《ちえ》（カルデア人）の燕があった。『史記』にいう伯夷から中侯にいたる趙の歴史は、アッシリアと戦ったウラルトゥ王国の歴史であったが、そのウラルトゥは滅亡ののち、キンメリ人（匈奴）とともに山西省に移って、趙の後身として大扶余を立てた。

大扶余は、函谷関《かんこくかん》の北奥深く中山国の故地のあたり、海人の国・燕の西にあった。これらの点では、中国史もごく僅かながら真実を残しているのである。

『古事記』に、日本にいないワニが登場している

『古事記』の「因幡の白兎」に、なぜ日本にはいないワニが出てくるのか

『古事記』には、「因幡の白兎」の話が収められている。知らない人はいないと思うが、念のためにあらすじを書いておこう。

隠岐島の白兎が、因幡の気多岬《けた》、現在の鳥取市白兎海岸《はくと》へ、海のワニをあざむいて並ばせ、それを橋にして渡ろうとする。しかし、途中でワニに気づかれ、白兎は毛皮をはがれてしまう。

そのうえ、通りがかった八十神《やそがみ》に痛めつけられて泣いていると、オオナムチノカミ（のちの大国主神）が現れて、治療法を教えられ、救われる。

そこで兎は、八十神ではなくオオナムチが因幡の八上比売《やかみひめ》と結婚すると予言し、これが的中する。その白兎は、兎神《うさぎかみ》として信仰を得ることになった。

この話、まずもって不思議なのが、ワニである。なぜ、日本の神話にワニが出てくるのか。日本の学者も、そのことにはずいぶん困ったようで、「ここに出てくるワニというのは、王仁氏という人物である」とか、「これは、ワニ鮫のことである」などと、苦しい説明を試みている。

もっとも、『出雲国風土記』には、仁多郡の山間の阿伊村の神を恋うワニが川をさかのぼろうとした話が収められ、『肥前国風土記』にもワニが川をさかのぼって神のいる場所に行き、海魚が多くこれに従うという伝承が記されている。

しかし、日本にはワニは生息していなかったので、これは古代日本の中央文人が、フカのことをワニと誤って記したというのが、最近の定説である。それを裏付けるわけではないが、山陰地方においては、ワニはフカの方言である。

だから、ワニではなくフカを並ばせたというのが、「因幡の白兎」の真相であったということにもなろうが、最も自然なのは、実際にワニがいた地域から伝わった話であったとすることである。鹿島も私も、この自然なほうの説をとる。

古来、大国主神（または大物主神）は民衆に人気のある神様であり、太平洋戦争以前にはどこの商人の家にもエビスサマと一緒に祀られていた。これは恵比寿さん、大黒さんが、「因幡の白兎」の話とともに、ワニのいる国からセットになってやってきたということであろう。

ワニだまし説話に似た神話が、アイヌの叙事詩『ユーカラ』に出ている

『日本書紀』には、ワニだまし説話はない。このために『古事記』をつくった目的は大国主一族の祖先顕彰（祖先の功績をたたえること）にあったという説がある。

そのことに関連して、ワニだまし説話に似た神話が、アイヌの叙事詩といわれる『ユーカラ』のなかにあるので、そのことから考察してみよう。

それは「沼貝が所作しながら歌った神話」という詩で、「ひでりが続いたため死にそうになった沼貝が、助けてくれと叫んでいると、通りかかった美しい女オキクムイが、苦しむ貝をフキの葉に包んで助けてやった」という物語である。
ユーカラの神話を、ワニだまし説話と比較すると、以下のようになる。

死にそうになった貝…………丸裸にされた兎
貝を助けた美女オキクムイ……大国主命
貝をフキの葉に包んで助ける…兎を蒲《がま》の穂の花粉で助ける

さらに、火に焼けた石によって死んだ大国主命（大穴牟遅神《おおなむちの》）が助けられる神話があるのだが、それと比べると、以下のようになる。

死にそうになった貝……………石に焼かれて死んだ大国主命
貝を助けた美女…………………大国主命の母
貝をフキの葉に包んで助ける…赤貝と蛤が治療して生き返る

元来、ワニだましの兎の神話と焼けた石で死んだ大国主命の神話は、ユダヤ神話にしばしば見られる「繰り返し技法」によるものだから、一方が対応すれば他方も対応するということになるが、いずれにしろユダヤ神話とユーカラ神話の対応は否定できないであろう。『ユーカラ』の詩がワニだまし神話のルーツだとすると、「ワニの橋云々」の部分は、ワニがいる所から来た人々が付け加えたことになる。

しかし、逆に、ワニだまし神話がワニを知らない縄文人に伝えられ、『ユーカラ』のようにつくり変えられたという可能性も考えなければならないであろう。そうすると、アイヌ人はある時期に日本列島のどこかで、ワニだまし神話を持っていた人々と接触したということになり、この見方が最も説得力がある。

この問題はもっとよく調べねばなるまいが、ワニだまし説話に類似したものは、中国にも朝鮮にもある。

中国にもワニだましの説話がある

中国の古代から夏、殷、周を経て魏の襄王《じょうおう》（前三三四〜三一九）までを記録している『竹書紀年《ちくしょきねん》』

という歴史書がある。襄王の墓を盗掘した者が発見したといい、竹の札（竹簡《ちくかん》）に書かれていたために、こう呼ばれているが、それには次のように書かれている。

「穆《ぼく》王の三七年、おおいに九師（大軍）を起こして、東のかた九江に至った。鼈《すっぽん》を並べて、もって梁（橋）とした。ついに越を伐ちて、迂に至った」

同じような説話が朝鮮にも伝わっていて、『後漢書』扶余国伝二には、次のようにある。

「北夷の槖離国《こうきりこく》の王が外出中に、侍女が妊娠して東明を生んだ。それを知った王は、東明を嫌って殺させようとした。そこで東明は南に走って施掩水《しえんすい》に至り、弓を持って水を撃った。すると魚（鼈）が浮かんで橋をつくったため東明は渡ることができた」

『魏志』高句麗伝にも、次のようにある。

「朱蒙《しゅもう》は扶余を頼って東南に逃亡した。途中に大河があって、橋がかかっていなかった。そこで朱蒙は水神に向かって、『私は太陽の子、河伯の外孫である。今逃走しており追跡の兵が追っている』と言った。すると、魚やスッポンがみな水面に浮かび出てきて、橋をつくったので、朱蒙は渡ることが出来た」

この「東明王」は、『三国史記』では高句麗の始祖・朱蒙《しゅもう》であるが、『桓檀古記』の「北扶余伝」によると、「北扶余後期王朝の始祖」とあり、さらに『後漢書』では、「扶余国伝」が東明を扶余王とし、「高句麗伝」が鄒《すう》を始祖としている。したがって、この東明と朱蒙の両者は同じような説話を持っているが、まったくの別人なのである。

木村鷹太郎はこの「東明説話」について、「『古事記』のワニだまし神話は明らかにこれと同根なり」と述べている。

だが、『古事記』のワニだまし神話は、中国と朝鮮のスッポン説話がルーツではない。『魏志』の説話は、朱蒙の母方が海人系の河伯であることに意味があった。というのは、ワニだまし神話の原型がマレー半島にあったからで、このマレー神話が中国や朝鮮に入って、ワニがスッポンに変わった説話になったのである。

スマトラ、ジャワ、ボルネオ、マレー半島では、兎がネズミジカになっている

西村真次（一八七九〜一九四三）は次のように述べている（『南方民族誌』）。

ジャワの伝説によると、ネズミジカはかねがね河を渡ろうと思っていたが、洪水で水嵩《みずかさ》が増してとても泳ぎきれそうにない。そこで岸に立ってワニを呼んで、「私は今度王様の命令で、お前さんたちの頭数を調べにきました」

といった。ワニは一列に並んでこちらの岸からむこうの岸まで続いた。

ネズミジカは、

「一つ、二つ、三つ」

と、数えながら、ワニの背中を踏んで対岸に渡り終わると、ワニののろまさを嘲った。

この話は、因幡の白兎がワニをだました話とほとんど同じである。スマトラやジャワやボルネオやマレー半島では、兎がネズミジカになっているが、安南やカンボジアでは猿になっている。

こういう風に、神話伝説が似ていることは、遠い昔に一つの元から出た神話伝説を携えて、インドネシア人やメラネシア人が海上に出たことを証明するものである。

無政府主義者として有名な石川三四郎（一八七六〜一九五六）も、次のように述べている。

稲羽の国にワニが生存せぬものとすれば、この伝説は他より渡来したものに相違ない。現にこれとまったく同一な伝説がマレー半島にある。それは、有名なる『鹿の物語』に出てくるワニに関する一説である。それは次の如くである。

「鹿はかくて或る河の岸に達した。その向かいの岸に一本の木があって、たくさんの果物が赤々と熟していかにも美味しそうに見えた。その果物は猫目のようなものであった。そこで鹿はその果物を食べたいと思い、どういう風にして河の向こうに行くかということを思案した。

そこでしばらく考えていたが、椰子の実を手にとり、一本の杭の上にのぼって、次のように叫んだ。

「お前たちワニどもよ、川面に浮かんで来い。そして、ここから向こう側まで一列に並んでくれ。自分はソロモン王から命令を受けてお前たち皆を数えに来たのだ」

その言葉を聞いて、水中のワニたちは全部浮き上がった。小さいのも大きいのも、男も女も皆浮かび上がって、こちら側から向こう岸までいっぱいになった。そこで鹿はワニの頭上にとび乗り、一つ二つ三つ——ポンポンと椰子の実で打った。男だ女だ、と言ってまた打った。

こうして鹿は向こう岸まで達すると、すぐ岸に飛び上がってワニたちに、

「お前たちは俺にだまされたのだ。なぜならば、俺はこちら側に移ってこのマタクロン（果物）を食べたかったから、ソロモン王がお前たちを数えろと命じたといってだましたのだ。

お前たちは頭をなぐられた。俺は非常に満足した。これから俺はおいしい果物を十分に食べられる。チェッ、お前たちはバカだ」

鹿はその果物を満足して食べたが、鹿のこの言葉を聞いてすべてのワニは皆たいへん憤慨し、次のように言った。

「よし、鹿よ、まさかお前は今後水を飲みに降りて来るようなことはなかろうな。もし来れば、そのときこそ十分にお前をいじめてやるぞ」

鹿はこれに答えて言った。

「そうか、よろしい。もし俺を掴まえられるならば、本当にやってみてくれ、ワニたちよ」

（外国語学校教授・朝倉氏が特にマレー語から訳された）

青銅または鉄製の剣を持っていたスサノオは、オリエントの人

ワニだましとその周辺の説話の分布は、マレー海域から中国大陸、朝鮮半島、日本列島への広範で大規模な人間の移動を示すものであろう。

そもそも文字と数字を知る以前の人間社会で、橋をつくるほど多くの動物を集めて数えるというような計画的な神話はつくりえないであろう。ましてワニだまし説話が、ワニのいない日

本列島で生まれるわけはないが、仮に百歩譲って日本の神話だとしても、縄文時代に文字がなく、数字もなかったという学者たちが、神武即位以前の大物主命が登場する日本列島に、このような数字を内容とする神話があったと主張するのは、とてもおかしなことである。やはりこの神話は、数字とともに渡来したと考えなければなるまい。

また、天照大神の弟であり、大物主命の義父でもあるスサノオが大蛇を殺したとき、彼の剣が刃こぼれしたという『古事記』の説話にしても、石の剣ならば刃こぼれでなく折れてしまうから、刃こぼれした剣は青銅または鉄製の剣であったはずである。スサノオは金属時代の神であるが、そうすると縄文時代とは年代が合わない。スサノオの時代を前一〇〇〇年より以前とすると、日本列島は土器文化だったが、オリエントではすでに青銅と鉄の文化が栄えていた。したがって、スサノオの国家はオリエント以外には考えられないのである。

二つの神話を比較すると、マレー神話の「ソロモン王の命令をうけた鹿」は、『古事記』の「大物主に助けられた兎」に対応して、ソロモン王＝大物主命という図式が成立するのである。なるほど、ソロモン→オーモン→オオモノと考えれば謎は解けてしまう。

ちなみに、『古事記』が「スサノオの子・大物主」というのは、『聖書』がソロモンの子を「エシ・バアル」すなわちバアルの子といい、また「ダビデの子イエス・キリスト」というのと同じく象徴的な意味であるが、これを血統だろうと誤解したのが日本の神道家たちであった。

『旧約聖書』はソロモン王のタルシシ船が黄金や香料を積み込んで帰ってきたと述べているが、その黄金はインドから、香料はマレー半島から輸入したものである。かつてタルシシ船の貿易を地中海に局限して考えた学者もあったが、鹿島が『バンチェン／倭人のルーツ』で述べているように、タルシシ船は地中海東岸のフェニキア都市国家と、世界各地（七つの海）の採鉱基地を結ぶ貿易船であって、インド洋から太平洋海域へはもちろんのこと、スペインに飛び基地を持ったフェニキア人らは大西洋を越えてアメリカ大陸にも到達していたのである。

中国ほどにはわかっていない、古代インドと日本の交渉史

マレー半島にソロモン神話を運び込んだのは、紅海からアラビア海に出航したというソロモン王のタルシシ船以外には考えられないが、では次に、彼らはインド洋を越えてマレー半島に到着する以前に、中間のインドにも上陸したのかどうかという問題を考えてみよう。

大物主命神話の原型は、インドの『ラーマーヤナ』の「猿の橋」

インドの子供たちなら誰でも知っている『ラーマーヤナ』は前五〜三世紀に成立し、二世紀頃に第一編と第七編が追加された。

その物語は大略次のように展開する。

コーサラ国の王子ラーマは、勇気あふれる、徳のすぐれた王子だった。そのラーマが自分のおなかを痛めた息子を王位につけたいと願う継母の奸計《かんけい》（わるだくみ）によって、愛妻シーターと弟のラクシュマナーの二人だけを伴って流浪の旅に出る。

旅の途中、ラーマは愛妻のシーターを魔王ラヴェナにかどわかされるが、諸国遍歴の末に霊猿ハヌマットに助けられ、ついに魔王の本拠であるセイロン島（スリ・ランカ）の対岸に迫ると、猿の大群がやってきて橋をつくりラーマの大軍を島に渡した。ラーマはシーターを救い出してめでたく都に帰り、王位につく。

この説話の「猿の橋」はワニだまし神話の「ワニの橋」と対応して、類型的にも前述のマレー半島説話の原型になり、従って大物主命の神話の原型にもなっているものである。説話の担い手も共通のインド洋の海人なのである。

太陽王朝コーサラ国の支配者はパンジャブ地域からガンガ河口に移住した混血アーリアンであるといわれるが、その都はオウドまたはアヨーディアといった。オウドはフェニキアの古い港を意味するアルワドの転訛らしい。

だから、コーサラの人々は、そもそもパンジャブから移住したにしても、その昔アラビア海からやって来た海人であった。すなわち聖人釈迦を生んだシャキイ族のコーサラ国は、「知られざるアルワド」であったのだ。

ソロモンのタルシシ船を運航したのはフェニキア人の船員であったが、そのなかにアルワド人がいた。セイロン島の猿の橋もマレー半島のワニの橋も、タルシシ船に乗り込んだアルワド人が伝えた説話であろう。

ワニだまし説話とモーセが海を渡った説話の対象神は同じ

さて『旧約聖書』は、モーセがイスラエルの民を率いてエジプトから脱出するとき、「海が二つに割れたという奇跡」を述べているが、この説話は、元来海の上を歩いたというエルの妻アシュラ・トゥ・ヤンミの説話を、南北朝時代またはバビロン虜囚時代のユダヤ人僧侶たちがヤーウェの奇跡を宣伝するために、「海が割れた」とつくり変えたものである。『旧約聖書』のユダヤ神話には、他にも同じような神話がある。すなわち、ヨシュアがヨルダン河を渡るとき、河の流れを堰き止めて渡ったと述べ、またエリヤもヨルダン河を渡ろうとして外套を脱ぎ、これを巻いて河の水を打つと水は分かれて砂が現れ、エリヤはその砂の上を歩いて河を渡ったと述べる。

ヨシュア、エリヤ、モーセと順次に奇跡を記しているのは『旧約聖書』の繰り返し手法で、同じようなことは数多く見られる。「海や河が割れる」というのは、十戒石板やアブラハムの「いけにえ説話」などとともに、いかにもユダヤ的な、シャーマニックな発想ではないか。

「士師記」3・7—11はバアルとアシュラのことを書いているが、『新聖書注解』には、次のようにある。

「アシュラは『テル・アマナル文書』ではアシルトゥとあり、またアッシリアの粘土板によれば、アシラトは神々を生んだ母であり、最高神エルの配偶者であった。この女神はアシラトゥ・ヤンミとも呼ばれて、タロト（「士師記」2・12）は子音を異にしているけれども、常に混同して礼拝された」

モーセが海を渡った説話／セイロン島のラーマの説話／ワニだまし説話などの対象神は、すべてこの女神だったのである。

世の人々が何を信仰しようとその人の自由だが、科学の立場から『聖書』を研究しないと、世界史の矛盾は是正できないであろう。

神武東征の猿田彦は、『ラーマーヤナ』の猿の大群

前田行貴氏は、インドのアジア救癩《きゅうらい》センターの初代事務局長を勤めて、以後三〇年間インドで救癩事業に従事し、現在、日印教育協会の総裁でもある。熱心な仏教研究家で、仏教がキリスト教におよぼした影響を研究しているが、彼はあるとき鹿島に、

「神武東征のモデルは『ラーマーヤナ』である。ラーマ王子がセイロン島に渡るときに猿の大群が王子を迎え、橋をつくって渡したという説話が、神武を猿田彦が迎えたことになった」

と、説明したという。

そうしてみると、「猿田彦の説話」もワニだましの変形だったのである。

インドでは『ヴェーダ』は口伝され、文字に記すということはなかったから、物語を書くときに、文字で書かずに絵を並べて残すという手法が発達した。

密教の曼荼羅もその一例だが、猿田彦のモデルがラーマ王子であるというような発想は、インド生活に馴染まなければ出てこない。前田氏も三〇年間の滞印生活でやっとわかるようになったというが、このへんが従来の日本のインド学者が、さほど大きな役に立たなかった理由であり、だからこそ「古代日印交渉史」は、これまで闇のなかにあったのである。

第七章

『旧約聖書』にも原典があった

バビロンの教典が、前三〇〇年ごろにギリシアへ

『旧約聖書』のオリジン（原典）は、バビロン神話である

鹿島昇は、司馬遷の『史記』が、オリエント史の地名を変えて漢訳した「翻案偽史」であることを、克明な対比作業によって証明したが、『旧約聖書』もまた、実は「翻案偽史」である。『旧約聖書』に書かれてあるモーセ以前の説話は、ユダヤ人の歴史ではなく、バビロン諸族の歴史である。

ユダヤ人の史家マネトは、『エジプト史』のなかで次のように述べている。

モーセのエクソダス（大脱出）は、エジプトにいたオシリスの神官オサルシフが、エジプトにいたヒクソスの残党で被差別カーストになっていた屠殺業者とライ病患者たちを率いて、エジプトから逃亡した歴史がモデルであった。

またモーセがヤーウェから与えられていたという十戒も、実はハムラビ法典を原形にしてユダヤ人の戒律にしたもので、いわばモーセの盗作であった。モーセの出生物語も、アッカド王サルゴン（在位・前二三三四―前二二七九。メソポタミアを最初に統一して中央集権国家をつくった）の母が私生児を箱に入れて河へ流し、女神イシュメルがその子を育てたという伝説を盗んでつくられたものであった。

オサルシフ（モーセのモデル）が信仰したオシリス神は、フェニキア人のバアル神と同じ神で、牛頭の神であった。ユダヤ人はその後、ヤーウェをもって絶対神とし、ことごとにバアル神とその信者を敵視したが、ヤーウェとは実はバアルの父ダゴンのことであったわけだから、これは実に奇妙なことである。

このことは、歴史的経過のなかで次第に気づいていったらしく、孔子の儒学文書のなかでは、バアルに相当する「鬼神」への敵視は従来ほど強烈ではなくなっている。

このように『旧約聖書』はバビロン神話からつくられたものであった。

バビロンの教典「ベルの目」は、前三〇〇年ごろにギリシアへ

『旧約聖書』がバビロン神話からつくられたものであることは、山内雅夫もその著書『聖書の

呪い』のなかで指摘している。

山内雅夫によると、バビロンのベルの神殿（ジッグラト）から、ベル神殿の御神体であった「ベルの目」という教典を駱駝の背に積んで持ち出したのは、ベッソスという神官だったという。それは、前三〇〇年ごろのことで、流星の落下を見てバビロンの落城を知ったベッソスは、五〇万年以前からの地球の歴史と占星術の秘密を刻んだ粘土板・「ベルの目」とともに、ギリシアのコス島にいた名医ヒポクラテスのところへと亡命した。

この「ベルの目」のギリシア語訳が『ベロニカ』であるが、この書は一八二八年に断片が発見されただけで、全体像は明らかになっていない。しかし、その断片からも、『旧約聖書』によく似ている記述があることが明らかになっている。

ただし、その『ベロッソス』の断片によると、神によってつくられた最初の人間はアダムではなく、メソポタミアにいたバビロニアの原人であったという。『旧約聖書』はいうまでもなくユダヤ教の聖典であるわけだから、最初の人類がバビロニアの原人であるのはまずいということで、ユダヤ人がアダムとイブの物語を創作したのであろう。

「ベルの目」の語り手は、海に住んでいた蛇人間オアンネスであった

一八七二年になると、ニネベのアッシュール王の書庫から粘土板が発見され、それを大英博物館のジョージ・スミスが解読したところ、『旧約聖書』のなかの天地創造と大洪水の話とそっくりであった。この粘土板は、ベッソスがバビロンのベルの神殿から持ち出した教典「ベルの目」の一部か、その複製か、あるいはそれ以外のものかはわからないが、要は『旧約聖書』の記述以外にも、天地創造と大洪水の記録が記されたものがあったということである。

バビロンのベル神殿の御神体であった「ベルの目」は、宇宙創生の神話であるが、その神話の語り手は海に住んでいた蛇人間オアンネスであった。そのオアンネスが、シュメール人に、文字や複雑な計算、神殿や住宅の建築技術、法律、占星術、太陰暦などを教えた。

シュメール人の王メス・アンニバッタは、前三〇〇〇年頃、ウル（現在のイラク・バグダッドの南東部にあったシュメール最大の都市）を都としてウル第一王朝を開くが、この王朝の文明は、バビロンでつくられたものではなく、海からやって来たものだった。

オアンネスが海からもたらした文明が、シュメール人の王朝をつくり、そのシュメールの神話が翻訳されて、あたかもユダヤ人の創世神話であるかのように『旧約聖書』に記されたので

ある。

中国史もバビロン史をモデルとしている？

中国史の黄帝以前の歴史も、バビロン史がモデル？

『史記』五帝本紀に、次のような記述がある。

「黄帝の長子・玄囂《げんごう》は、江水《こうすい》のほとりに住み、次子・昌意《しょうい》は、若水《じゃくすい》のほとりに居住した」

中国史がオリエント史の借史であるという鹿島説に立って、この箇所を読むと、「江水」とは揚子江のような中国の大河ではなく、バビロンのユーフラテス河のことであり、「若水」とはティグリス河だということになる。

さらに、『史記』に登場している黄帝が、二つの大河（ユーフラテス河、ティグリス河）地域であるバビロンを制覇したアッカド王サルゴンのことであるとするならば、中国史の黄帝以前の歴史もまたバビロン史がモデルであったといえないだろうか。

『史記』五帝本紀に先立つ「三皇本紀」は、司馬遷ののち唐の時代に司馬貞が付加したものであるが、要約すると次のようになる。

1、庖犠《ほうぎ》氏は風姓（姓が風）で人首蛇身であり、燧人《すいじん》氏に代わって王となった
2、女媧《じょか》氏も風姓で人首蛇身であり、女媧（希）氏と号した
3、共工《きょうこう》氏も人首蛇身であり、女媧氏の天下を奪おうとし、祝融《しゅくゆう》氏に敗れて洪水を起こした。女媧氏は大洪水をとどめた。
4、炎帝《えんてい》神農氏が起こった。炎帝の母は有媧《ゆうか》氏で少典《しょうてん》の女であり、炎帝は姜水《きょうすい》のほとりで育ち人身牛首であった。

その他、「九首人面」だとか、「蛇身にして青し」など、人首蛇身の王たちがずいぶん出てくるが、これらはすべてバビロン神話に登場する人頭魚身のオアンネスがモデルであったと思われる。

海人マヤ（植民者）オアンネスの伝説

さらに、ベロッソスは、オアンネスについて、次のように記している。

この時代、バビロニアにはさまざまな国の人たちが盛んに集まり、彼らはカルデアに住みつき、野獣のような無法な生活をしていた。一年目に、エリュトリア海のバビロンに接するあの地方から、名をオアンネスという理性を持つ動物が現れたが、その全身は（アポロドロスの説明によれば）魚の体であって、魚頭の下に人頭、また、人の足に類似した足が魚の尾の内側についていたという。その声も言葉もはっきりと聞き取れる人の声を持っており、その再現図は今日に至るまで保存されている。

この〝生物〟は日中人々のなかにあって過ごすことを常としたが、昼間は食物を口にせず、あらゆる種類の文字、学問、科学上の識見を人々に授けた。都市を築き、神殿を建立し、法典を編むことを教え、幾何学的知識の諸原理を説明した。大地の種子を識別させ、果実の集め方を教えた。要するに、彼は人々の礼儀作法を柔和にし、その生活を人間並みにする上で一切のことを教えたのである。

そのとき以来、物質的なもので彼の教示にまさるものとしては、実質的には何一つ加えられてきていない。

太陽が沈むと、オアンネスはふたたび海中へ立ち去り、夜は深海で過ごした。両棲類だったからである。

この後、オアンネスに似た他の動物が現れた――。（アイザック・プレストン『古代拾遺』）

この神話を要約すると、次のようになる。

バビロンには、いろいろな種族が集まり、カルデアに住んで野獣のような生活をしていた。そこに、アラビア海のバビロンに接する地方から、魚の体で（魚皮を着て）、人の顔をしたオアンネスがやって来て、文字ともろもろの文化を教えた。さらに、そのあとにオアンネスに似た（魚の皮を着た）別の人間が現れた。

中国大陸では、このようなことがあったとされる時代のはるかのちに、殷の時代となる。その殷の時代ですら半牧半農の社会であったから、『史記』の記すように「殷」よりはるか昔、神農氏が中国で農業社会をつくったというのは、考古学上の知見とは一致しない。

司馬貞が追加した『史記』三皇本紀は、古代オリエント史に正確に対応

鹿島は、この時代のオリエント史を、次のように推測した。

まず、前三五〇〇年頃に、文字と円筒印章などを持ったシュメール人がアラビア海からシュ

メールとエジプトに侵入した。この人々はエラモ・ドラヴィダ語族であったが、このうち、シュメールに入った人々は「黒頭の人」と称して、古代ウバイド人を征服した。

初期のシュメール人は「蛇身人首のオアンネス」といわれて、ウバイド人に代わってバビロンを支配した。上エジプト（陳・エチオピア）に入った人々は、第一王朝のダイナスティック・レース（王朝種族）となり、『史記』では「陳の庖犠氏」と書かれた。

バビロンでは前二九〇〇年ごろ大洪水があり、後期シュメール人の神官ズイウギドがバビロンの地を再興した。こののちキシュ王のエタナ、エンメバラギシ、アッガらが即位した。この人々もシュメール人であった。その後、前二六七五年ごろ、アッガ（共工氏）はウルク王ギルガメッシュと戦って敗れた。

バビロンでは、前二六〇〇年ごろウルクの覇権がウルに移ったが、前二五〇〇年ごろ、ラガシュ王ルーガル・シャゲングルが強力になった。炎帝は人身牛首で、はじめて「都を陳から曲《きょく》阜《ふ》に移した」とされているが、この炎帝＝ルーガル・シャゲングルは、おそらくエジプト第五王朝のファラオ・サアウレェと同一人物であろう。

このように推測されたオリエント史は、『史記』三皇本紀にほぼ正確に対応している。「三皇本紀」は司馬遷の『史記』の原本にはなく、唐の時代に司馬貞によって追加されたものだが、唐の時代（七～九世紀）まで、中国にこのようなオリエント神話が伝えられていたのは驚嘆に値する。

また『史記』の原本にしても、バクトリアの秦以前からその種本があったはずで、中国史を偽造したいきさつはずいぶん複雑なものであった。

第八章

差別の原点を明らかにした『日本王朝興亡史』

東アジアには、日鮮同祖、日中同祖ともいうべき大過去が存在した

鹿島は「同和問題」にも取り組み、『日本王朝興亡史』では公然と差別問題の原点から説き起こして解明するとともに、その解決方法にまで言及している。

先王朝の歴史が消され、神武天皇即位の年が皇紀元年とされた

『日本書紀』に記されている神武天皇即位の年を日本の紀元とし、この年を皇紀元年とすることが、一八七二（明治五）に定められた。神武天皇は、西暦紀元前六六〇年にあたる辛酉年《かのととりのとし》に即位し、西暦紀元前五八五年に一二七歳で没したということになっている。

そうすると、二一世紀に入ったばかりのいまは、皇紀二六六〇年代であるということになるが、それでは歴史としてあまりに短いのではないか。ちなみに韓国は四五〇〇年の歴史、中国は五〇〇〇年の歴史を持っていることになっている。

その韓国や中国の紀元元年には、もうすでにエジプトでは、ユダヤ人が月給をもらってピラミッドを造っていた（ピラミッドが盛んに造られたのは、前二七〇〇年から二五〇〇年代）。

日本の皇紀元年が紀元前六六〇年であるということは、韓国や中国と比較して二〇〇〇年以上も空白があるということであり、エジプトと比べると、さらに気の遠くなるほどの空白があったということになる。当然のことながら、そのようなことはありえない。歴史がなかったのではなく、あった歴史（先王朝の歴史）が消されたのである。

それらのことをそのままにしておきながら、日本の考古学者は縄文時代よりも、もっと古い新石器時代、いや旧石器時代の遺跡がどうのこうのと騒ぐ。挙げ句の果てに「神の手」を持つという考古学者まで現れて、マスコミは大賑わいとなり、それを本気にする歴史学者も現れて、大いに盛り上がった。

その途端に、「神の手」は嘘であったということが明らかになった。発掘をする研究者が、発掘をする前に、いろいろと自分で埋めていたというのだから、呆れ果てたものである。

そもそも縄文倭人というものは、ほとんどが海流に乗ってやってきた漂着者であった。ウガヤ王朝にせよ、天皇家にせよ、すべてが外来者であるから、このことを無視して歴史は語れない。

イスラエル国旗

伊勢神宮の石燈籠（○にダビデ紋があることに注目）

光明皇后は、唐（藤）の不比等の娘であると署名

イスラエルの旧エルサレム市街にある第八の門、いわゆるヘロデ門の真上に菊の御紋に似たヒマワリ紋がある。ユダヤ国旗の紋は、有名なダビデ王のカゴメ紋だが、それと「菊の御紋」の三つの紋が、伊勢神宮の参道に立ち並ぶ石燈籠にはっきりと刻まれている。

また伊勢神宮の内宮本殿の御神鏡・八咫鏡の裏には、モーセが伝えた「エイエ、アセル、エイエ」（ワレハアリテアルモノナリ）という神の言葉が、はっきりと記されている。

奈良東大寺・正倉院の御物がいくつあるのかは見当もつかないが、なぜこれほどの中近東の宝物が日本にあって、天皇家の宝物になっているのかは、世界七不思議の一つであろう。

係官の説明によると、この宝物はかつて聖武天皇の持ち物であったが、天皇の死後、その皇后・光明子が散逸を恐れて正倉院に集約したものであるという。光明皇后は藤原不比等の娘であるとされているが、天平一六年（七四四）一〇月三日、伊勢神宮に参拝したときに、「藤三娘」と自筆で署名している（林陸朗『光明皇后』写真）。これが自筆であることは、「光明皇后発願五月一〇日経奥書」に見える本人自筆の経文によって証明されている。

この署名の「三娘」とは、（不比等の）三女ということであろうが、藤《とう》とは藤氏＝唐氏のこと、

すなわち中国の唐から派遣され倭人の支配者となった私たちが、藤原《ふじはら》（＝トウゲン・もと唐の人）と名乗っているのですよ、という意味をこめて署名したものではないか。

この藤原氏が南家、北家、式家、京家の四家に分かれ、その後裔たちが日本最高の貴族となって国政を左右してきたことは、国史に明らかなところである。彼らの家事奴隷であった武士（傭兵）たちが、鎌倉幕府を建てて権力を握ったあとも、南朝になったり北朝になったり、京都御所、神社、仏閣、幕府官僚などを隠れ蓑にしてしぶとく生き残った。

明治以後は華族となって復活し、現在でも（皇室の周りで）特権階級を維持しながら、しつこく日本国民に寄生している。

女流作家を自称する人たちは、『源氏物語』を世界一流の文学などと持ち上げて、中流意識の強い現代女性の感情をくすぐるような小説を書いて稼いでいるが、外来貴族たちの優雅な暮らしを支えるため、われわれのご先祖様の倭人たちが長い間、奴隷として働かされ、あるいは百姓、職人、芸人など国民の九割以上がカースト制の下で呻吟《しんぎん》してきた悲劇の歴史には、目をつむり耳をふさいで触れようとしない。

中国も例外ではない。中国において、皇帝は「天子」とも称された。もし人間としての権力では天下が服従しないとき、「天子」というもう一つの権威が発揮された。

天子は上帝と相通じ、上天の命により臣民を服従させたのである。皇帝は常に天子としての身分で、天、地、山川、海洋、社稷《しゃしょく》（土地の神と五穀の神）の神々をまつる祭祀を行い、統治の守護、天候の順調、帝国の安泰と臣民の平安を祈った。

しかし、明代の皇帝と清代の皇帝では差異があった。それは清代の皇帝が、明代の皇帝が持たなかったもう一つの特権である宗教、そのなかでもラマ教、黄教の最高代表者としての権威を掌握していたことである。皇帝・愛新覚羅《あいしんかくら》は積極的に宗教勢力をその手中におさめ、ダライ、パンチェン両ラマとの交流を緊密にし、各層の高級僧侶と教徒を懐柔した。そして全国各地の寺院を巡幸することにより、一般僧侶や大衆をその支持者にし、辺境地区の安全をはかる柱の一つともしたのであった。

チベット仏教のパンチェン・ラマは、バンチェン文明の後継者

チベット仏教のダライ・ラマのことはよく知られているが、パンチェン・ラマのことは日本ではあまり知られていない。パンチェン・ラマとは、おそらくバンチェン文明の後継者のことであり、バンチェン人が、中国の長い歴史のなかで「黄教」という組織をつくり、文化を継承していて、その教祖がパンチェン・ラマだと考えられる。

清代の皇帝たち、なかでも聖祖・康熙《こうき》帝、世宗・雍正《ようせい》帝、高宗・乾隆《けんりゅう》帝治世の黄金時代に、中国文化の華が咲いた背後には、ダライ・ラマ、パンチェン・ラマという二人の強力なラマ僧がいて、卜占《ぼくせん》（占い）だけでなく良きアドバイザーとして協力していたのであろう。

新羅の朴、昔《せき》、金の王族たちは倭人であった

『三国史記』に「瓢を朴という……故に朴を以って姓となす」、「瓢公はもと倭人なり。瓢を以って腰につなぎ海を渡りて来たる」とある。倭人（南倭）である瓢公が朴氏の祖になったことは間違いない。

『桓檀古記』にも、倭人はナーガ族でのちの朴氏であると記されている。また昔氏《せきし》はインドのシャキイ族であるが、金氏はアユダ国の王女が首露《しゅろ》王の妃になったことでもわかるように、もともとアユダ国の植民地が沖縄から九州の豊日国《とよひくに》に移り、さらに朝鮮において駕洛国《から》となったものである。

つまり、新羅三姓といわれる朴、昔、金の王族たちは倭人であり、統一新羅は倭人が建てた国だったのである。

また、奇子朝鮮と檀君朝鮮を神話だといっている韓国人が多いが、すでに述べたように奇子

朝鮮は満州に建国したのちに馬韓に移り、秦韓の秦人とともに吉野ヶ里から畿内に逃れて秦王国をつくった一族である。『記紀』では、この一族を別倭と呼んでいる。

邪馬壱国（倭国）は、大扶余、北扶余からつづく百済（南扶余）と共同した公孫氏の九州における植民地であった。

このように歴史上は日鮮同祖、いや日中同祖とでもいうべき大過去が存在したのである。

新羅花郎軍団《しらぎかろう》の「朝鮮式山城」は、西日本各地に二一ヶ所も現存している

六六三年、百済復興軍と倭国の水軍は唐・新羅連合軍に白村江の戦いで大敗（太平洋戦争におけるミッドウェーの敗戦に匹敵する）を喫し、そのため百済王・豊璋《ほうしょう》（天智のモデル）は平壌へ逃亡、引き続き熊津城《ゆうしんじょう》でも敗れた百済王たちはついに朝鮮本国を捨てて、武士団らとともに倭国（九州）へ亡命した。

そのあとを追って倭国に進駐してきた唐・新羅連合軍は、太宰府に筑紫都督府（占領軍司令部・GHQのようなもの）を構えて倭国支配を始めたが、やがて新羅は畿内にあった秦王国を併せて「日本国」をつくり、日本列島の支配権を自分たちのものとした。これが奈良朝廷の実体である。

このとき、西日本各地の要衝の地に新羅花郎軍団の駐屯基地や水軍基地がつくられ、それを

守るためと、非常の際の「逃げ城」としての「朝鮮式山城」が築かれたが、それら応神陵や仁徳陵の大古墳に匹敵する（いやそれ以上の）大遺跡は今なお、当時の本当の歴史を物語る「生き証人」として西日本各地に二一ヶ所も現存している。

今日まで学者がこの問題に触れないのは、天智二年（六六三）八月から約半年間『日本書紀』の記録が「欠史」になっていて、白村江の敗戦後、倭国が無条件降伏したことと、倭国の代表の大石らが唐将・劉仁軌《りゅうじんき》に連行されて中国山東省の泰山に至り、「城下の誓い」（城下まで敵に攻めこまれ、仕方なく結ぶ講和の約束）をさせられた事実を隠しているからである。

重要な点なので繰り返すが、日本民族の主体をなす「倭人」のルーツを調べれば、はるかオリエントの超古代史に遡り、シュメール文明、エジプト文明、インダス文明につながる古い淵《えん》源《げん》をたどることになる。

倭人は、かなり長期にわたって韓民族とともに中華・中原の支配者として存在した輝かしい歴史を持っている。それが前二二一年頃、秦の始皇帝（バクトリア王ディオドトスのペルシア軍団）に追われ、東北（旧満州）に移動して「北倭」となり、三世紀初頭、扶余族に率いられて九州に渡来し、この列島の先住民や「南倭」と混血・増殖し、やがて近畿の秦王国とも合流して日本列島全体に拡散したものであった。

木村鷹太郎による『論語』と『旧約聖書』の同一性（『旧約聖書日本史』より）

孔子とエリヤについては、『旧約聖書』と「魯世家《ろせいけ》」に同一内容の記述がある

『旧約聖書』は、「アハブ（定公）がバアルの神官を救ったため、予言者エリヤはアハブを説いてカルメルでバアルの祭司を誅した（殺した）」と述べ、「魯世家」には、「定公一〇年、（魯の）定公は孔子を従えて斉と来谷（カルメル）で会盟し、孔子は斉のでたらめな音楽（バアルの祭司）を誅《ちゅう》した」とある。

孔子は斉での亡命中、斉の大夫である高昭子《こうしょうじ》の家臣となって、韶《しょう》という古楽を習ったことがあり、プロの音楽家にも劣らない技術を持っていたから、来谷での会盟の際に奏でられた斉王の楽士らによる「雅楽」の未熟さに我慢がならず、これを誅したのであろう。

『旧約』はこのあと、「エリヤはアハブの王妃イゼベルの復讐を遁《のが》れて、エリシャの故郷ベエル・シバに亡命した」と述べ、「魯世家」は、「定公一四年、定公は李桓子と斉の女（音）楽をあそび、孔子は子路の故郷である衛に逃れた」と述べている。

また『旧約』は、「アカブはダマスコと戦い、長子アハジャは宮殿の窓から落下し、弟のヨラムは前八五〇年ごろ、ユダ王ヨシヤパテとモアブを攻めて敗北した」と述べ、「魯世家」は、「哀公一六年、孔子が死に、同二七年、三桓は哀公（アハジャ）を攻めたので、哀公は衛に亡命し、のち有山氏の邸（宮殿の窓）で死んだ」と述べている。

エリヤやエリシャは荒野の隠遁者レカブ人の指導者であった。『論語』に、「孔子は礼を説いた」とあるのは、このレカブ人を「礼」と書いたからである。レカブ人にのちにアモスという記述予言者が出て、北朝イスラエルの滅亡を予言したが、「孟子」のモデルはこのアモスと、ギリシアの哲学者イソクラテスの合成であった。

木村は、『論語』との比較から『旧約聖書』と日本民族の関係も洞察した

この『論語』と『旧約聖書』の同一性について、木村鷹太郎《たかたろう》は『旧約聖書日本史』のなかで、次のように述べている。

昔は土地の大きい名称を数で表した場合が沢山ある。聖書地理で地名と事件との関係が甚だ面白く小説化されていることを我等は発見するものであり、また東洋の格言――孔子

の格言が我等の研究の愉快な導きになることを感じるものである。

孔子の言葉に「三〇にして立ち、四〇にして惑わず、五〇にして天命を知る。六〇にして耳に順う。七〇にして心の欲する所に従って則を越えず」とあるが、イスラエル人の「エジプト」はこの数を逆にしてカナンの地に帰還している。

元来、シリア、アッシリア等は三または三〇の地であり、ユダヤ、アジアは四または四〇を意味し、インドは五または五〇を意味し、シナイ半島は六または六〇を意味し、エジプトは七、または七〇に当たる。エジプトの語源 Aegioptos は「心の欲すまま」で自由解放、脱出を意味する土地である。

エジプトが七または七〇という意味は、モーセがエジプトからイスラエル人を引き出したのが七〇のときであったから。またシナイ山は、六または六〇の土地で人々がモーセの神の言葉に従わなかった。モーセは五の土地の天命でモアブの地で死んだ。またイスラエル人は天命に背いた罰として、アラビアの野に四〇年迷わねばならなかった。『聖書』に四〇年、四〇日などとある事件は必ずアラビアの野のことである。キリストが野に試されたのも四〇日でアラビアの野である。

モーセは一二〇歳で死んだが、ヨシュアがこれに代わってカナンの地にイスラエル人を導いた。カナンとはアッシリア・ペルシアの別名で三または三〇の土地であり、叶う、力、立つ、管などを意味する。このカナンでキリストが産まれた。かれは「三〇にして立った」（つまり）この年から布教を始めた（という意味）――

以上を論じたところで、『旧約聖書』と太古の日本民族とに親密な関係があったことは十分明らかであろう。

木村鷹太郎は、『論語』と『旧約聖書』の内容における同一性に着目し、「『旧約聖書』と太古の日本民族との親密な関係」についても、洞察していたのである。

陳立夫の『中庸』と『バイブル』の同一性の指摘（『四書道貫』より）

陳立夫《ちんりつふ》（蒋介石の元側近、中国国民党の元秘書長）は、『四書道貫』のなかで、孔子の『中庸』と『バイブル』を詳細に比較して、次のように述べている。

昔は能く道を明らかにし誠は能く性を尽くす。故に誠を立てればつまり心を尽くし性を尽くすことが出来る。そこで誠は道徳の源泉であり、生命の原動力であり、信仰の発生所であり、人類の共生共存の基礎である。

「中庸」と『バイブル』に記された上帝を比較すると次のようになる。

1、「誠は天の道なり(God is heaven)」、「之を誠にするのは人の道なり(God is way)」。人は能く天の意を体して道を行うべきである。誠は宇宙の生々已まざるエネルギーで、それがなければ万物は無い(『誠ならざれば物無し』)。故に誠は万物の主宰或いは造物主であり(God is creator)能く一切を統制し(God is king)、一切を判定する(God is judge)。

『バイブル』では上帝または天なる父（God or Heavenly Father）と称する上帝を、抽象的に言えば誠となる。それを人格化すると上帝となる。

「誠は自ら成すなり。而して道は自ら導くなり。誠は物の終始なり。誠ならざれば物無し。是の故に君子は之を誠にするを貴《とおと》しと為す」(「中庸」第二五章)。

2、「誠は物の終始」——これは物の生命過程が凝集により形を成し、解体物化に至る間ひとしく誠により支配されることを言う(God is life)。一事一物が存在より非存在に至るまでを、生命の過程と称する。物の生滅、人の生死、ことの始終、国家の存亡、ひとしく生命の過程であり、この過程は次の七つの段階を経過する。

「其の次は曲を致す。曲なれば能く誠有り。誠あれば則ち形わる。形われば則ち変ず。変ずれば即ち化す。唯天下の至誠は能く化することを為す」(「中庸」第二三章)。存在より存在せざるに至る間はすべてエネルギーの変幻と物質の集散である。エネルギーが均衡状態に在るとき表現するものを、人は物質と称す。エネルギーが自由に伸縮する状態に在るとき表現するものを人は精神と称す。故に精神と物質とは生命を構成する要素であって、そのいずれを欠いても生命ではない。二者の消長は全く時空の配合如何で決定される。宇宙体も時空の別称にすぎない。故に「上下四方は三次元の空間であり、往古来今之を宇《う》と謂い、往古来今之を宙《ちゅう》と謂う」のである。

「上下四方」は三次元の空間であり、往古来今は第四次元の時間である。わが国の古人はアインシュタインよりも先にこれを言っている。故に物質と精神は生命の身体で中和をもって目的とする。時間と空間は生命の用で中正をもって目的とする。体用は兼備してその生を遂げこれをして大いに久しくすべく、さすれば、「中庸」の目的は達せられる。

これが生命の原理である。

3、誠は信仰である（God is faith）ことは已に詳述した。それは善を択《えら》んで固く執り、力めて捨てぬ意である（God is good）。

「之を誠にするのは善を択んで固く執る者なり」（「中庸」第二〇章）

「身を誠にするに道有り。善に明らかならざれば身に誠ならず」（「中庸」第二〇章）

「孟子曰く、『君子亮《あきらか》ならずんば悪にか執らん』と」（『孟子』告子下）

4、誠は智慧である（God is wisdom）。故に誠なれば則ち明らかである（God is light）。

「至誠の道はもって前知すべし」——故に誠は神霊の如くである（God is spirit）。

「至誠の道はもって前知すべし」——国家将《まさ》に興らんとすれば必ず禎祥《ていしょう》有り。国家将に亡びんとすれば必ず妖蘖《ようげつ》（あやしいひこばえ）有り。蓍亀《ろうき》に見舞われ四体に動く。禍福将に至らんとすれば善必ず先に之を知り、不善必ず先に之を知る。故に至誠は神の如し」（「中庸」第二四章）

5、誠は仁愛である(God is love)(God is kind)。己を成して又物を成す。仁にして且つ智、故に民と物、愛せざる所無く譲らざる所は無い(God is refuge)。

「誠は自ら己を成すのみに非ざる也。物を成す所以也。己を成すは仁なり。性の徳なり、外内を合するの道なり。故に時に之を惜きて宜しき也」(「中庸」第二五章)。

「孟子曰く、『万物皆我に備わる。身に顧みて誠なるより大なるは莫《な》し。恕《じょ》(寛恕)を強いて行うより、仁を求めるに近きは莫し』と」(『孟子』尽心上)。

6、誠は力である(God is strength)故に能く動いて息《や》まぬ。勇毅にして畏懼《おそ》れ無く、堅にして摧《くだ》かれぬ。

「故に至誠は息《や》むこと無し、息まざれば則ち久し」(「中庸」第二六章)。

「至誠にして動かざる者は未だ之れ有らざる也。誠ならざれば未だ能く動く者有らざる也」(「孟子」離婁上)。

4、5、6はすなわち智・仁・勇の三達徳であり、その行われる所以の原動力が誠であることはここでさらに明瞭になったのである。

7、誠は能くその真なることが現れる（God is truth）。俗に真誠というが誠が真実なる故である。誠は真理の自ら出ずる所、真情の自発する所、人と人と相処するに不可欠の正義（God is righteousness）と、相互信頼自ら生ずる所である。
「所謂其の意を誠にするとは自ら欺くこと無き也。悪臭を悪《にく》むが如く、好色を好むが如き、此れ之を自謙と謂う。故に君子は必ず其の独りを慎む也」（「大学」第六章）。

8、誠は能くその大を成す（God is great）。故に能く天下の大経を経綸し、天下の大本を立てる。
「唯天下の至誠のみ能く天下の大経を経綸し、天下の大本を立て天地の化育を知ると為す。夫《そ》れ焉《いずく》にか倚《よ》る所有らん。肫肫《じゅんじゅん》たる其れ仁なり。淵淵《えんえん》として其れ淵なり。浩浩《こうこう》として其れ天なり。苟《いや》しくも固《かたく》に聡明聖知にして天徳に達する者にあらずんば、其れ執《いず》れか能く之を知らん」（「中庸」第三二章）。

9、誠はその性を尽くす（God is almighty）。故に能く万物の性を尽くして、天地の化育に参賛して能くせざる所が無い。

「唯天下の至誠のみ、能く其の性を尽くすと為す。能く其の性を尽くさば則ち能く人の性を尽くす。能く人の性を尽くせば則ち能く物の性を尽くす。能く物の性を尽くせば則ちもって天地の化育に賛すべし。もって天地の化育に賛すべくんば則ちもって天地に参すべし」（「中庸」第二二章）。

10、誠は能くその化に通ずる（God is power）。故に能くその化を受けて楽しんでそれに同化する。所謂「大徳敦化《とんか》」「君子の過ぐる所の者は化」「大にして之を化す、之を聖と謂う」は、ひとしく誠の生ずる力の大なること想像を絶することを指している。故に能く「見ずして章《あら》われ、動かずして変じ、無為にして成る」のである（「中庸」第二六章）。

「唯天下の至誠のみ、能く化することを為す」（「中庸」第二三章）。

以上が、陳立夫が『四書道貫』のなかで、孔子の『中庸』と『バイブル』とを詳細に比較して述べていることのあらましである。

捏造の日本史――広橋興光《おきみつ》氏の証言

「捏造の日本史」を明らかにする広橋興光《おきみつ》氏の八証言

鹿島が三〇年来親しくしていた広橋興光氏とは、筆者も一度面識がある。この広橋家は藤原氏名家の一族で、幕末には武家伝奏、明治以後は伯爵家であった。父君はもと内務省のエリート官僚で、東条内閣の秘書官、のちに千葉県最後の官選知事を勤めた広橋眞光《まさみつ》氏である。母方の祖父は中川宮の孫、もと梨本宮守正《もりまさ》殿下（陸軍元帥・伊勢神宮祭主）であり、母君は李方子《まさこ》さんの妹に当たるから、彼自身も昭和天皇の従弟《いとこ》に当たる。

鹿島は、広橋氏から伝来口伝《くでん》の日本史をいろいろと教えてもらった。それを要約すると、以下のようになる。

1、天皇家は北支（華北）から満州、朝鮮を経て日本にやって来た。
2、藤原氏は中国系と朝鮮系に分かれていて、中国系の方が威張っていた。

3、南朝とか北朝といっても、われわれの祖先はどちらにも行ったから、いま明治天皇が南朝といってもまごついたりしない。
4、日本が戦争によっておかれた惨状は、家康の鎖国がもたらしたものである。
5、孝明天皇は伊藤と岩倉が殺した（但しこのことは興光氏でなく、その父君・眞光氏の言である）。
6、鳥羽伏見の戦い以後の明治天皇は睦仁ではない。すり替えられた天皇である。
7、伊藤の爵位ばらまきは、天皇すり替えの口止め料という性格があった。
8、シンガポール陥落のとき、ルーズベルトが特使をもって講和を申し入れて来た。東条はこれを受けようとしたが、天皇ヒロヒトは二・二六事件の体験から、軍の叛乱を恐れて継戦を命じた。このとき、天皇に継戦を迫った親独派の将校グループがあった。

これらの項目を体系化することができれば、日本史の捏造はほぼ明らかになるのに、ほとんどの歴史学者は無視している。

明治以降、この国の歴史学、そしてその延長上にある日本の文化は、『記紀』の虚構を盲信する天皇教の狂信者たちによってきわめて不合理な体系に堕した。狂信者といっても天皇を敬愛するからではなく、日本国民すべてを「万世一系」を盲信する奴隷と化し、それによって自己を支配者として権威づけたいだけなのである。

かくして日本歴史学の歩みは、白文の史書を読むことのできない歴代のニセ学者たちによって、教条主義的な誤読をつづけた徳川光圀らの不合理な「前期水戸学」から一歩も抜け出すことが出来なかったのである。

広橋氏がいうような藤原氏の出自は、公表された系図からは絶対に出てこないから、系図の方がイカサマだったのである。

「藤原氏は二系統あり、中国系の方が朝鮮系よりも威張っていた」を検証する

藤原氏の祖である不比等の名の初見は、『日本書紀』の持統称制三年（六八九）二月の条に、「藤原朝臣《あそん》史《ふひと》が従五位下の判事《ことわるのつかさ》（書記＝修史官のことであろう）になった」とあるもので、このときに不比等は三一歳であった。

ほかには、文武元年（六九七）から桓武一〇年（七九一）までの『続日本紀』でも、わずかに一三ケ所に、簡略な記録があるだけである。

『藤氏家伝』には、「（鎌足に）二子、貞慧《ていけい》と史《ふびと》あり。史は別に伝あり」とあるが、「史伝《ふびとでん》」な

どはなく「貞慧伝」があるのみである。

ここからわかるのは、三〇歳までの不比等は経歴が空白の人物であり、やがて賀茂比売《かもひめ》との間に生まれた宮子《みやこ》を文武天皇の妃とし、ついで美努王《みののおおきみ》の妻・県犬養美千代《あがたのいぬかいみちよ》を奪って彼女に生ませた安宿媛《あたかひめ》が、宮子とともに今でいうハーフ（混血美女）だったから、娘二人を天皇に差し出した縁故で権力を手にしたというのが実相である。

一方、鎌足（中臣鎌足）は、実は新羅の英雄（大元帥）金庾信《きんゆしん》であったから、その次子であるという不比等の人生前半のこのような粗末な扱いは、実に不思議であり、もし不比等になんらかの重大な失策があったならば、その事実も記録されて然るべきである。

藤原鎌足はつくられた人物であった

藤原鎌足は、新羅の大将軍・金庾信がモデルの中臣鎌足と、百済の将軍で（白村江以後）唐の降人《こうにん》（降参した人）となった郭務悰《かくむそう》を合成してつくられた人物である。この百済禰軍《ねぐん》（近衛）の将軍であった郭務悰が唐軍に降伏し、鎮将・劉仁軌《りゅうじんき》に説得されて、唐の将軍・唐務悰となったことについては、『善隣国宝記』に、一ヶ所だけ消し忘れたのか「唐務悰」とあることでわかる。

『日本書紀』六七一年（壬申の乱前年）六月の条には、「唐の捕虜となった沙門・道久ら四人が一一月二日、唐から対馬に到着して、唐使・郭務悰ら六〇〇人と、唐に仕える百済の送使・沙宅《さたく》孫登《そんと》ら一四〇〇人が、船四七隻で来朝すると言った」と記してある。

こうしてみると、白村江の敗戦後、唐に捕えられ、さらに新羅に収容された郭務悰は、藤鎌足（トウ・カマソウ）として倭国に渡来し、畿内の秦王国、またはそこからできあがった新しい「日本国」の内政に参与したのであろう。

『尊卑分脈』には「公（不比等）、避くる所の事あり、すなわち山科の田辺史大隅らの家に養う。それをもって史《ふひと》と名付けるなり」とある。この田辺史氏は百済系渡来人であり、もと新羅系の王朝に捕えられた降人であった。してみると、不比等（比べる者がいない人）は世に隠れた百済武士の降人の子で、同じ降人の田辺史家に拾われたのではないか。

そういう立場の不比等が成長してから、降人のなかのヒーローであった郭務悰の子であると言い出したとしても、決して不思議ではあるまい。

『日本書紀』によると、鎌足臨終の前日に藤原の姓が贈られたというが、それは鎌足のモデルを金庾信から郭務悰へ切り替えるための作為であり、実は不比等の時代に行われたことであった。

文武天皇二年（六九八）八月一九日の詔に、「藤原朝臣（鎌足）に賜う所の姓は、宜しくその子不比等らをして之を承《う》けしむべし。但し、意美麻呂らは神事に供するによりて旧姓（中臣）に復すべし」とある。これは中臣氏＝金官加羅国の遺臣が、「自分たちも金庾信の子孫だから藤原の姓が欲しい」と言ったものを、不比等だけを、金庾信と郭務悰を合成した創作人間・藤原鎌足の子であるとして、文武天皇が認めたことを示している。それが皇妃・宮子の実家に対する気ままな権威付けであることは言うまでもない。

七〇七年、文武天皇の没後「阿閇《あべ》皇女が元明として即位した」とあり、和銅元年（七〇八）には不比等が右大臣になったが、これより先、郭務悰を鎌足にしただけでは足りないとして、文武天皇のお声がかりで、新羅の英雄・金庾信を、舎人親王（『日本書紀』の修史者）に頼んで郭務悰と合成し、この両名を不比等の父としたのである。この後の歴史を考えると、捕虜の娘が美貌なのを気に入って皇后としたために、その外戚の勢力が巨大化していって、新羅系天皇家の衰退が始まったということになるであろう。

『藤氏家伝』の嘘を、『弾左衛門由緒書』が暴いている

秦氏→藤原氏→弾氏の系譜（『弾左衛門由緒書』弾直樹著より）

『藤氏家伝《とうしかでん》』によれば、不比等の子らが藤原四家になったというのだが、それは果たして本当のことだったのか。

江戸幕府の下で賤民社会を支配した弾左衛門の子孫・弾直樹氏の『弾左衛門由緒書』のなかの「江戸町方の制度」によれば、弾左衛門の家系並びに由緒は次のように書かれている。

弾左衛門はいわば穢多《えた》の君主なり。ただに同族間に威権を弄したるのみならず、良民社会のある部分にさえ裏面の勢力を逞《たくま》しふしたりき。さるにても、このように強大な勢力を養いたるは如何なる家系、如何なる由緒《ゆいしょ》ありての事か。これらを探求せんは、けだし穢多の族制を記すに際して第一の順序なるべし。

浅草区亀岡町（往時は新町と云う）に住む弾直樹と云う人なん。往時より穢多の君主と仰が

れたる弾左衛門の後裔なりける。そもそも弾家の祖先は鎌倉の長吏《ちょうり》・藤原弾左衛門尉《じょう》頼兼（弾左衛門を単名と思うのは誤りで、弾は氏、名は左衛門、その姓は藤原なりと云う也）にて、その先は秦《しん》より帰化して世々秦《はた》を以って氏となせり。

そもそも我が国において秦《しん》の帰化人と称するものは、始皇帝の子・扶蘇《ふそ》の後なり。史を按ずるに、秦始皇帝の崩後、扶蘇逃れて穢狛《かいはく》に入り、居ること五世にして韓（秦韓）に遷りしが、その後裔、弓月君《ゆづきのきみ》なるもの応神天皇の一四年を以って一二七県の民を率い、金銀玉《ぎょく》帛《はく》を齎《もたら》して帰化し、大和国朝津沼腋上地《わきがみのち》を賜い、その民を諸郡に分置して養蚕織絹《おりきぬ》のことに従はしめるに、献ずる処の絹帛《けんぷ》柔軟にしてよく肌膚《はだ》に適《かな》うを以って天皇特に波多君の姓を賜へり――と。これ秦の字に「はだ」の訓を付したる所以なり。

その後この一族より秦左衛門尉武虎《はたさえもんのじょうたけとら》という者が出て、武勇を以って平正盛《たいらのまさもり》に事《つか》へたりしが、たまたま正盛の女の姿色艶麗《えんれい》いと﨟丈《ろうた》けてたおやかなるに懸想《けそう》し、筆に想いを匂はしてほのめかしけれども、翠帳《すいちょう》のうち春なお浅くて高嶺の花の枝も折られず。いよいよ想い募り、寧ろ奪い去りてもと謀りけることが偶々《たまたま》洩れて正盛の怒りに触れ、日頃より股肱《ここう》と頼む武虎にかかる不義の振る舞いあらんとは奇怪なり。いでや物見せてくれんと討手を差し向けたる由、武虎いち早く察知するや夜に紛れて跡を晦《くら》まし、関東は源氏の本拠なれば屈竟《くっきょう》の隠れ処なりとて、鎌倉さして落ち延びぬ。

これより武虎は鎌倉長吏（穢多の古称）の頭領と成り、秦氏を弾氏と改め、自ら韜晦《とうかい》し（痕跡を晦まし）けるとなん。

その後治承年間（一一八〇）、頼朝兵を関東に挙げるに際し、弾左衛門尉頼兼（一党）はことに預かりて功あり、左の御朱印状を下さりける……。（ルビ引用者）

また宝永四年（一七〇七）四月、弾左衛門（世襲名）が肥前長吏・助左衛門に送った文書にも、「相州鎌倉の住人・弾左衛門尉頼兼在判、但し藤原を弾に改称す」とある。

このことが事実だとすれば、弾左衛門は元来・秦氏であって、のちに藤原氏に変わり、さらに弾氏に変わったのである。ということは、藤原不比等は（藤原四家が同一の先祖を持つというための）シンボルにすぎず、四家のなかには当然秦氏もいたのである。式家の宇合《うまかい》と広嗣《ひろつぐ》らがそれであろうか。

『秀真伝《ほつまつたえ》』に「われは伊勢の祖猿田彦」とあるが、奈良盆地はもと秦王国の本拠で秦氏の領地であった。だから藤原四家のなかに秦氏が混じったとしてもけっしておかしくはない。

秦氏は元来始皇帝の秦帝国からの亡命者で、『北史』倭伝の秦王国、または『桓檀古記』の伊国、ないしは伊勢国の支配者であった。『日本書紀』はこうした人々を「別倭」と呼んで、九州や朝鮮南部に居住していた倭人の「倭国」と区別している。

学者のなかには秦王国の所在地を吉備地方と考えている者もあるが、それすらも「畿内には大和王朝があった」という『記紀』の「偽史性」に引きずられた誤りであり、吉備、但馬などは彼らの通過点にすぎない。これは捏造した史書を盲信する学者らの奴隷根性がもたらした重大な誤りである。

川瀬勇は「左衛門はユダヤ人シモンの訳」と指摘（『日本民族秘史』）

百済の降将・郭務悰《かくむそう》が唐務悰となり、その唐が「藤」になったとすれば、当時のわが国では唐人と秦人の区別は、容易につかなかったにちがいない。そこで、両者をともにシナ系豪族ということで藤氏としたのであろう。加えて、不比等を飾るために、鎌足を郭務悰と金庾信《きんゆしん》の合成人物として幻の英雄伝説をつくったのである。

奈良時代末期、藤原氏の台頭と反比例するかのように秦氏の一族が歴史の舞台から消え、同じように、百済王敬福《くだらのこにしき》のときに隆盛を誇った百済王氏が、道鏡法王、光仁天皇の即位以降突然消えてしまう。ここに歴史の謎が隠されている。

これに関連して川瀬勇は、「左衛門という名はユダヤ人に多いシモンの訳である」と言っている（『日本民族秘史』）。だとすると、弾はユダヤ南朝ユダ族の支派ダン族のことであろうか。朝鮮で白丁《はくちょう》（隼人）の姓の一つとされる蛮氏が日本の弾氏と同姓であろう。朝鮮の車（チャー）氏と池（チー）氏は、日本の車《くるま》氏と池田《いけだ》氏になったという。

マネトの『エジプト史』は、「エジプト脱出以前のユダヤ人は、エジプトに捕えられていたヒクソスの残党であった。彼らは屠殺などの賎業に従事させられていた」と述べる。

そのユダヤ・ダン族（移動中に混血してインド人の血が濃くなった人々）の子孫が、屠殺カーストの長の弾左衛門になったことには説得力がある。

のちに江戸幕府を建てた徳川家康は、もとは駿河国（静岡市）馬淵のささら遊女の私生児であって、幼くして奴隷商人の酒井家に買われたという。すなわち家康は被差別部落の出身者だったから、かつては弾左衛門体制の支配下にあったことになる。

江戸時代の部落の人々は、

「弾左衛門さまには及びもせぬが、せめてなりたや将軍に――」

と、謳ったという。それは弾家が秦王国の末裔という血統によって維持されたことと、家康が弾家の支配下から将軍になったことを言ったのであろう。

このように考えると、奈良時代以降、朝鮮からやって来た新羅系および百済系天皇家の下で、秦王国の人々は賎民社会という形態で、長期にわたってゲットー（特定の民族集団が住む地域）を維持していたと考えられるのである。

秦人の亡命者・猿田彦は、神武の九州侵入により東へ移動

猿田彦は、中南越の苗《ミャオ》族を率いた秦人の亡命者（『水尾大明神本土記』より）

弥生時代中期、倭奴国《わどこく》（または奴国《どこく》）の支配者であった秦人の王を『記紀』は猿田彦と記したが、『水尾《みずのお》大明神本土記』はその猿田彦について次のように述べている。

疇《ちゅう》ニ猿田彦《さるたひこ》ノ命《みこと》マサニ神トナラントスル時ニ、三尾《みつのお》郷ニ於イテ洞屈嶢《どうくぎょう》ヲ掘リ、太古ヲモッテ成日ヲ定メ、三才ノ孫ヲ招ヒテ遺教シテ曰ク、『各々當《まさ》ニツマビラカニ聞クベシ。我ガ祭ル嶋那秧日《サナエノヒ》ハ、スナワチ、ソノ夜半過《すぎ》ニイタルマデ大音ヲ発シ、祭歌ヲ謡《うた》フベシ。コレスナワチ精気陽明經《きょう》ニ入ルナリ、故ニ炮盲齣《ほうもうし》炮胆齣《ほうたんし》寿齣《じゅし》等ノ三蠱鮒疣《さんこくびんゆう》ニ化生スルノ教《おしえ》

ナリ』ト。

カクノ如クイヒオワリテ、親《みずか》ラユキテ洞峠（窟）ノ内ニ納マリ、神トナリタマフ。時ニ天稔《てんれい》暦五十七穂歳鎈南秧《さなえ》苗月《なえづき》鎈南秧《さなえ》ノ日ナリ。コレ纏向珠城宮《まきむくたましろのみや》二十九歳庚申五月庚申ニアタリ。コレスナハチ、コノ神ヲ祭ル、以テ庚申待トスルノ本縁ナリ。

ここで『遺教の辞』のなかに、「我が祭る嶋那秧《サナエ》の日」とあるが、『古語拾遺』には「銅鐸《どうたく》をサナキという」とあり、新井白石の『東雅』には、「サは細なり、ナキは鳴なり、音の細かなるを謂う」とある。だとすれば「サナエの日」とは銅鐸を鳴らす日のことであろう。

銅鐸のルーツについては諸説あるが、秦の偏鐘《へんしょう》が朝鮮半島に渡って馬鐸《ばたく》（入室里などで見られる）となり、それが日本列島で大型銅鐸になったと考えられる。また銅鼓《どうこ》は稲作文化圏のトーテムだから、このことは、猿田彦の一族が中南越の苗《ミャオ》族を率いた秦人の亡命者であり、日本列島に侵入して弥生農業を始めたことを示しているのではないか。

注・古墳時代の青銅鏡は、中国大陸から出土するものは直径二〇センチ以下のものばかりだが、日本に渡来してから大きくなり、直径三〇～四〇センチ以上のものも多数出土している。青銅製の太刀などとともに出土する大きくて立派な「銅鐸」も、これと同じような発達経路を辿ったのであろう。

神武の九州侵入により、伊勢都彦《いせつひこ》＝猿田彦は東へ移動（『伊勢国風土記』）

九州に侵入した弥生人の人骨を調べると、弥生人は縄文人より長身の人骨が多く、しばらくして縄文人と同じ身長になることがわかるという。これについて、弥生人が少数だったから急速に縄文人に同化したと説明する人がいるが、そうではなく、弥生人の大部分は短身の苗族であったが、かつては中南越でも辰韓（秦韓）でも、長身のバクトリア人に支配されていたことがあり、弥生人の（長身の）人骨というのは、この支配層のものではなかったのか。

『但馬故事記』は、「（紀元一世紀ころから）、作田彦一族は北九州から但馬国に移住して土蜘蛛（苗族系弥生農民）の王となった」と述べているが、秦初（前二四五）以降、中国大陸から朝鮮半島を経て北九州や山陰（出雲）地方に流入した雲南山岳民族の弥生農民を追って、秦王の子孫である蒼梧《そうご》（広西壮族自治区にある桃源郷）の作田彦一族が、東シナ海から朝鮮半島経由で移動・渡来して、秦王国の王となったと考えられる。

『秀真伝』は作（猿）田彦について、「ナガタ作田彦」と記し、伊勢との関連を執拗に記す。また『秀真伝』では、作田彦が「われはイセのソ、サルタヒコ、ウカワ（鵜川）カリヤにミヤイして――」といっている。「イセのソ」とは伊勢祖王の意である。

『伊勢国風土記』には、次のようにある。

「神武天皇が天日別命《あめのひわけのみこと》に命じて伊勢国王・伊勢都彦を東に追放した。伊勢都彦は八風を起こし海水を吹き上げ、『波浪に乗って東の方に行く』といい、（博多から）乗船して東に去った」

これは扶余族の神武が九州に侵入したとき、伊勢都彦が東に移動したということで、伊勢都彦とは先に述べた猿田彦のことであろう。

『神皇紀』作田彦系図第六七代を見ると、舟田彦命が垂仁二五年に「伊勢大神宮之供物司長」に転任したとあり、その長子・山田彦は伊勢国造になっている。さらにこの系図を分析すると、作田彦は遠祖を南朝ユダ系とし、中間に秦始皇帝を介しているようである。だとすれば、少し飛躍があるかもしれないが、「イセ」や「サルタヒコ」とは「イスラエル」や「エルサレム」の意であろうか。

『神皇紀』は、「これより先、神武のとき、作田彦命の裔・贄持命《にえもちのみこと》を教導として長髄彦を破り、そのあとエビスノ尊の末である椎根津彦《しいねつひこ》命を倭国の惣国に命じた」と述べ、作田彦とエビスの両族が神武側に荷担したことになっているが、このことは神武自身が倭人でも倭王でもなく、倭の地を侵略した外来の王であることを示している。

『記紀』と、中国および朝鮮の史料を精査すると、神武とは扶余王・仇台のことで、公孫氏と連合して朝鮮（帯方郡）から九州に侵入した者であることがわかる。

失われた古代ユダヤ一二支族の行方

徐福の船団が、弥生時代の日本にユダヤ文化を持ち込んだ

秦の徐福が不老長寿の薬を求めて日本に来たという話があるが、そこで『神皇紀』の「秦徐福系図」を見てみよう。

徐福の祖・正勝は華南の楚人であった。前五世紀の楚の絹布には漢字とは異なるアラム系のような文字が書かれている。

系図によれば、徐福家は、遠祖が黄帝に始まるという。黄帝が実はアッカド王サルゴンであることはすでに述べたが、ここでは第五四代正勝が周の武王から徐姓を賜ったとなっている。してみると、正勝はすなわちアッシリア王アッシュールニラーリ四世に従った徐族ということになる。

鹿島の『史記解』でも述べられているように、「徐の偃王《えんおう》」はアラム人の一派カルデア人の王で、その子孫が（インドで釈迦を出した）シャキイ族、すなわち新羅の昔氏《せきし》になった。『北倭記』では徐氏の穢国王をアグリナロトとするが、この「アグリ」の姓は元来ドラヴィダ族系ゴーンド族の鉄工部族アガリアのことであろう。すなわち穢国王はアグリ族の「ナロト」と自称したわけである。『旧事紀』は「ニギハヤヒがアマツマラの船団を率いた」と述べているから、その船団はアガリア族が率いたメルッハ族の船団であろう。

この一族は前七世紀頃にはベトナムで（旧）文郎国《ヴァンラン》を建てたらしいが、『北倭記』によれば「徐氏」は河南省の宛《えん》に入植し、のちに穢王となって国史のニギハヤヒ族になった。すると、徐福の先祖は中国に残留したニギハヤヒの先祖だったことになろう。

「秦本紀」は、「洛陽の韓の謀略によって、秦は運河をつくって農地を開墾した――」と述べているが、従来の学説では「この韓は朝鮮半島の韓人とは関係ない」とされていた。しかし、洛陽の韓はアラビアのマカン人の植民市であったらしく、この韓氏も徐氏もともに製鉄基地南陽《ナンヤン》（宛）を支配下に置いて中原に覇を唱えていた。しかし、やがて秦始皇帝に追われて長城外に逃れ、奇子朝鮮（燕《えん》）を経て朝鮮半島の「韓人」になったものである。

アラビア海からやって来たマカン人が、農業技術を持っていたとすれば、同じアラビア海から来た徐族が農業を持っていたとしてもおかしくない。徐福の船団は、苗族の渡来した弥生時代の初めに日本に来たわけで、伝説によれば、彼らは関門海峡→瀬戸内海→紀州→富士山麓へと移動して高い文化を移植したという。

この人々がユダヤ文化を日本に持ち込んだのである。なぜなら、始皇帝の実父・呂不韋《りょふい》が亡命ユダヤ人（魯人）であったからである。

古代ユダヤ一〇部族のうち、八部族と一支族は日本に来ている

この問題について、中原和人氏は「生体科学」による研究成果を、次のように発表している。

○ユダ族（南朝系）～紋章＝獅子

目は茶色。奇子朝鮮にいたグループが南鮮の辰韓（秦韓）を経て対馬に渡来して居住し（北九州には上陸せず）、山口・広島・岡山・兵庫などに次々と移動して秦王国（伊勢国）を建てた。現在は青森・岩手・宮城・山形・秋田各県にも散居している。

秦氏（養蚕・絹織物と手工業者の集団）の王・猿田彦の系統。三世紀以降、倭奴国の人々とともに移動しながら、弥生農業の銅鐸文化および前方後円墳文化を遺した。のち奈良時代に、秦氏の王

族らは藤原四氏（式家？）のなかに参入した。

○ダン族（南朝系ユダ族の支派）〜紋章＝マムシ

目は茶色。ヒクソス系エブス人。バビロンから移動中混血して、インド人の血が濃くなったグループ。平郡氏《へぐり》（中国→熊本→福岡・長崎→奈良）。江戸時代にエチオピアのサラシア系（黒人系）の者が、徳川家康に取り入って弾氏となり、家系を飾って秦氏（藤原氏）の系譜を唱え、関八州（江戸時代の関東八ヶ国の呼び名。現在の関東地方に当たる）を取り締まるエタ・非人頭の弾左衛門になりすまし、巨額の埋蔵金を蓄えたといわれている。

○ゼブルン族（北朝系）〜紋章＝舟

船の紋章の意、目は黒。のちにこのグループからイエス・キリストが出た。葛城氏《かつらぎ》（インド→熊野→奈良）。京都市の賀茂神社、茨城県の鹿島神社、千葉県の香取神社および伊勢神宮の外宮祭神として鎮座している。現在は青森・岩手・宮城・山形・秋田各県および熊野・伊勢などに散居する。

○シメオン族（北朝系）～紋章＝剣と楯または城

碧眼・ワシ鼻。アレキサンダー大王東征のときバクトリアを建国し、一世紀後、その知事ディオドトス（シメオンとチュルク族の混血将軍）が中国を統一して秦始皇帝となる。秦滅亡後、王族たちが朝鮮半島経由で倭国（東表国・狗邪《くや》韓国）に渡来し、前一世紀、北九州の鳥栖と吉野ヶ里の地にクニを立て、南越（旧広西省）蒼梧の秦王が率いる弥生農民たちも合流して倭奴国となった。

三世紀初頭、満州→朝鮮を経て侵入した扶余族（神武）に敗れたため、急遽、博多から船に乗り東遷して秦王国の一行に参入した。その移動の際の主導権争いで「倭奴国の金印」が見失われたのであろう。

彼らは吉野ヶ里近くの鳥栖《とす》祭殿跡に、真奈井《まない》神社（ガリラヤ湖の玉宮）を建立して祭祀していた。いまでは伊勢神宮の豊受大神（ヤーウェ神を祀る外宮祭神）として鎮座している。

現在は大分・長崎・福岡・山口・広島・岡山・奈良・京都に散居している。

・和珥《わに》氏（中国→佐賀→熊本→福岡→奈良）――新沢千塚古墳群。
・士師《はじ》氏（百済→佐賀→滋賀→奈良）――応神陵（誉田山）古墳、大塚山古墳。
・羽田《はだ》氏（中国→熊本→福岡→奈良）――弁天山古墳。
・宇治《うじ》氏（インド→百済・新羅→京都→滋賀）――岩戸山古墳。

○レビ族（北朝系）～紋章＝胸当てまたはウリとトンミム

目は茶色。杖刀人《じょうとう》（刀を杖のように用いていた士師族・武士）の一族。日本では島津家（鹿児島・宮崎）・物部氏（熊本）・中川宮（京都）の系統になっている。

・物部《もののべ》氏（中国→大隅・薩摩→奈良）――仁徳陵古墳、大仏陵古墳。

・東漢《やまとあや》氏（中国→大隅・薩摩→奈良）――石舞台古墳。

・大伴《おおとも》氏（インド→新羅・百済→奈良・京都・滋賀→福井→富山・石川→新潟）――柴金山古墳、巣山古墳。

○ルペン族（北朝系）～紋章＝まんだらげ

目は茶色。熊本、佐賀、福岡に渡来して散居している。

○ヨセフ族（北朝系）～紋章＝マナセ、エフライムとも野牛

目は黒色。ヨセフ族はマナセ族とエフライム族とに分かれ、ヨセフ族はエジプトにいて日本には来ていない。エフライム族は、エジプトとエルサレムにいて、その一部が熊本に上陸している。

・西文《かわちのあや》氏（中国→熊本→長崎・佐賀→福岡→奈良）――用明陵古墳、推古陵古墳。

○ガド族（北朝系）～紋章＝宿営

目は茶色。宇佐八幡宮（南伝神道）の系統。現在は福岡・長崎・佐賀・大分各県に散居している。

・巨勢《こせ》氏（インド→中国→熊本→佐賀・長崎→福岡→奈良）。

・津守《つもり》氏（中国→熊本→佐賀・長崎→福岡→奈良）。

・三島《みしま》氏（新羅・百済→京都・滋賀→福井→石川→新潟）――継体陵古墳。

注・古代ユダヤ一二部族は、かつてイスラエル北部に一〇支族、南部に二支族と、きれいに区画割りして別々に居住し、政治的には連合して同盟していたから、民族移動もその習慣に従って各部族ごとに（比較的）整然と行われていたようである。

○東京・大阪は人種の坩堝になっている。碧眼《へきがん》（青色目）および茶色目は劣性遺伝のため、黒色の目を持つ人種と混血すれば黒い目になるが、時々隔世遺伝が出る。

○イッサカル族（南朝系）～紋章＝驢馬《らば》または月と星

碧眼。ヒットラーの母方の血統がこの系統。現在は、エジプト、エチオピアおよびイスラエルにいる。

イスラエルのタルシシ船で、前六世紀頃、インド洋・マレー海域から北上して華北に入り、大物主命（ソロモン王）系の公孫氏（遼東の燕王）として活躍していた。二世紀以降、倭国へ渡来して安羅国（日向・西都原）を建て、女王・卑弥呼の邪馬壱国（倭国）となっていたが、国史の中臣氏・秦氏を経て、奈良時代後期には藤原氏の系譜に参入した。

鹿児島、熊本、福岡（志賀島）にも渡来して散居している。

・三輪《みわ》氏（中国→新羅・百済→熊本→佐賀・長崎→福岡→奈良）。

・凡河内《おおしこうち》氏（インド→百済・新羅→奈良・京都・滋賀→福井→富山・石川→新潟）。

ナフタリ族、アシェル族、ベミアミン族は、日本には来ていない

○ナフタリ族（北朝系）～紋章＝雌鹿

目は茶色。現在、インド、インドネシア、イスラエルにいる。日本には来ていない。

○アシェル族（北朝系）～紋章＝オリーブの木

碧眼。エチオピア王家となる。現在、エジプトやタンザニアにいて、日本には来ていない。

○ベミアミン族（北朝系）～紋章＝狼

目は茶色。イラク、インドにいて、日本に来ていない。

『三郡誌』の荒吐《あらと》族は、駕洛国《からこく》の金氏と狗奴《くぬ》国（沖縄）の朴氏の子孫たち

弥生農民のなかにはインドから来たカーシ族、その支派であるクメール族と瓦《わ》族（呉越）のほかに、華南の苗《ミャオ》族がいた。彼らを東表国のある九州に運んで来たのは、フェニキア系の海人であろう。アラビア海とインド洋からやって来たフェニキア系の海人が、タルシシ船で、驚くほど広い地域から、きわめて多くの人々を日本列島へと運んできたのである。

そうして、九州の地にできあがった東表国は、のちに駕洛国になって朝鮮半島にも進出し、金《きん》官加羅《かんから》とも呼ばれた。新羅帝国は、この金官加羅の分派である。

『東日流外《つがるそと》三郡誌』に「荒吐族がアソベ族とツボケ族を支配した」と記されているが、これは駕洛国または金官加羅の支配が奥州まで延びたためであり、荒吐族とは駕洛国の金氏と狗奴国

（沖縄）の朴氏の子孫たちのことであった。

日本の学者は、『日本書紀』を盲信して『東日流外三郡誌』を偽書と決めつけているが、もともと日本には本当の意味での史書は存在しなかった。日本の史書は常に政治的理由によって、ほしいままに捏造されてきたのである。

南朝の逃亡者をかばったのは「秦王国」の後裔たち

奈良時代以前には、富士山麓一帯まですでに秦王国の勢力圏で、そのなかには手工業の徒が多かった。このカースト制を維持する秦氏の国を「秦王国」と言ったのだが、『晋書』によれば、金官加羅（倭大王）は秦王国をも間接的に支配していたらしい。

その秦王国には、もともと先住民族のオロッコと苗族系がいた。オロッコは自称ウエッタ、またはウイッタといい、半地下の家屋に住んで独自の文化を有していた。このウエッタが穢多（エタ）の語源となり、のちに別所、院地などに住んで結束したが、道鏡、文鏡（光仁）らの百済系王朝ができると、戦いに負けた新羅人のグループもウエッタの地に流れ込み、のちにはドロップ・アウトした者も受け容れられて住民構成が変化した。

話は少し戻って、五三二年に金官加羅が（分家の）新羅に投降すると、「倭大王」の主権は邪馬壱国または安羅国の王(倭国王)に移った。しかし、「秦王国」の人々は依然畿内において〝チャイナタウン〟(移民社会)を維持するという二重社会の独自性を守り続け、天智二年(六六三)、白村江の戦いのときに新羅に味方した。白村江の戦後、九州(太宰府)から畿内(大和)に進駐した新羅の占領軍は「秦王国」を中心として倭国と合体させ、「秦王国」は手工業者を、「新羅奈良朝廷」は農漁民と農奴をそれぞれ支配するという「二重体制」を続けた。

インドでは賎民とはスーダラとハリジャンを指すが、日本の弾左衛門体制はバラモンの伝統を引く殷人系の白丁《はくちょう》を頂点とし、商業カーストであるヴァイシャ、そしてスーダラとハリジャンをもその下に包摂《ほうせつ》した。

白丁はいにしえの殷の祭祀カースト、すなわちバラモンの子孫であり、また殷文化の担い手でもあったが、やがて少数派になって祭祀官また書記として権力に奉仕した。これらの人々が新羅系の、のちには百済系の天皇家による「クシャトリアの農奴支配」という社会形態のなかで、かつての「秦王国」をゲットー化して支配したのであろう。一種のカースト制である。

のちに南朝が地方に分散したとき、その逃亡者たちをかばったのは、この「秦王国」の後裔に当たる木地師《きじし》や万歳師など被差別部落の人々であった。

また、これに関連して源平二氏について言えば、武家という存在も天皇家と同じく系図偽造の産物であって、日本の権力は常に系図偽造によって生まれたといってよい。武家はもともと朝鮮から熊本に渡来したニギハヤヒの兵団が分裂して、一つはアヤタチの下で山窩（サンカ）になり、一つは白丁隼人を中心として（皇室を祖とする系図をつくって）源平武士団に転じた。

すなわち、扶余族・公卿たちの家事奴隷となった白丁隼人が立身して、ご主人の子孫だと自称したのである。もちろん、もとのご主人（扶余人）たちも権力維持のためには都合がいいから、金をたっぷり受け取ってこの系図偽造を承認した。

かくして日本の武家社会には「系図偽造」が流行となっていったのである。

こうして見てくると、身分制度というものはときの権力が歴史を自分の都合のいいように書き換え、そのあげく被支配層を奴隷化するためにこしらえたものであり、その奴隷化された人々も時代が変われば支配層となり、そこでまた歴史を偽造し……といった繰り返しに過ぎないのである。その意味で、部落差別という言葉そのものが、まったく根拠のない、妄想の産物であることがわかるであろう。

私たちは今一度白紙に還って歴史の真実を直視し、そこから人類の未来を探っていかねばならない。御用学者たちの、単なる保身から出た「歴史事実」に甘んじているかぎり、世界中の一人ひとりが平等になる社会は実現しないのである。

あとがき

日本人が広い意味で中国民族のなかの少数派であることを認めて中国を助けようとするのと、中国民族とは関わりのない、日本列島に生まれた神聖民族だと自惚《うぬぼ》れて侵略するのでは、結果として、天と地ほどの相違がある。

前者の場合には、中国に古くから伝わる「中原逐鹿」という理念が生きるのであるが、そのためには天皇は北京に住み、中国人になりきらなければ中国人を支配できないし、もし中国人になりきれば、またたく間にその政権は官僚主義が横行して腐敗してしまうだろう。

一つの大陸に十数億の人民がいれば、その統治にはどうしても強制が必要となるし、その強制に対抗する力も巨大なものになるであろう。ジンギス汗の成功に比較すれば、日本の挫折の理由は明らかである。要するに、日本は同じアジア人でありながら、自らを神聖民族としてアジア人を差別したのが失敗のもとであった。

昭和三九年（一九六四）七月、社会党の佐々木更三たちが北京に毛沢東を訪問した際、「日本は戦争中、中国を戦場として中国人民に多大な損害をもたらして申し訳ない」と言ったところ、毛沢東は、「日本軍国主義は中国に大きな利益をもたらした。なぜなら、中国国民に権力を奪取させてくれたからです。皆さんの皇軍の力なしには、権力を奪うことは不可能だったでしょう」と言ったという（『毛沢東思想万歳』）。

毛沢東が「皆さんの皇軍」と言ったのは、皮肉たっぷりであるが、（自称）社会主義者の佐々木たちがこれに抗議した形跡はない。

しかし、紅軍（中共軍）が解放したシナ12億の人民が、果たして独立の幸福を得たか。人民が「思想の自由、生活の自由」を手に入れたか。けっしてそうではない。文化大革命のとき、毛沢東は抵抗する人々を生きながらにして肝臓を抜いて食う蛮行を許したし、天安門事件の際の人民解放軍は、無抵抗の人民と学生たちを戦車で踏み潰し、3歳の幼児を撃ち殺したうえ、それに抗議する母親をも射殺した。

天安門広場は、自由を求めて立ち上がった人民を虐殺する広場となり、中華人民共和国は、改革解放の掛け声に乗って都市に高層ビルを林立させ、公害垂れ流しの経済成長を優先させ、結果、貧富の差が極端に広がり、まさに戦国時代のような様相を呈している。

中国人すべてが――共産党員さえも――共産主義を捨てなければ中国の未来はないと知っているのに、とっくに建国の理念を破棄した共産党は戦車と大砲によって人民を支配しているのである。

中国の歴史を振り返ると、この国には国民を弾圧しない政権は生まれたことがなかったのであるが、今や中国は大きな「歴史の節目」に差し掛かっているといえるであろう。

第二次大戦で、日本はアメリカに敗れたという。しかし、それは正当ではない。日本は世界を敵にして敗れたのである。アメリカは戦後、中国・北朝鮮の連合軍と戦って引き分けたが、そのあと中国が支援するベトナムに敗北した。第二次大戦のとき、もしも日本がアジアと連帯してアメリカと戦っていたなら、けっしてたやすく敗れはしなかったであろう。日本とドイツが敗れたのは、日本人とドイツ人が弱かったからではなく、最高指導者の水準があまりにも低かったからに過ぎない。

このような歴史の教訓を生かして今日求められるのは、かつて太平洋やインド洋に雄飛し、アジアに文明を伝えた「倭人」の栄光を回復することであり、それによって自覚される「太平洋民族との連帯アイデンティティ」ではないだろうか。

やがて地球上に世界連邦が誕生し、すべての民族アイデンティティは発展的解消をとげるであろう。そのためには多くの試行錯誤が必要であり、それを乗り越えるために、われわれは過去の栄光を忘却してはならないのである。

本書で明かされた「鹿島史観」の全貌が、読者の関心を呼び、広く国民に伝わるようになれば、泉下の鹿島の霊も浮かばれ、人類の未来に明るい灯を添えてくれると信ずるものである。

鹿島史学に基づく『新説・古代史年表』

以下の歴史年表は、鹿島史学にもとづいて私（松重）がつくった『新説・古代史年表』である。鹿島が生前、志半ばで完結することができなかった部分を、彼の遺志を引き継ぐかたちで私なりに研究し、鹿島史学を発展させた年表としてまとめてみた。これによって、これから真実の古代史研究をめざす人たちの一灯となれば幸甚である。

BC

一二〇〇〇〇〇頃　ネグロイドから分離して旧モンゴロイドが誕生した。

七〇〇〇〇〇頃　ビュルム氷河期始まる。

六〇〇〇〇〇頃　旧モンゴロイドから分離してコーカソイドが誕生した。

三五〇〇〇〇頃　バイカル湖周辺で旧石器文化が起こった。石器には亀と熊のトーテムが描かれている。亀はのちのフッリ人、熊はカッシト人を表したものか。

二三〇〇〇〇頃　ベーリング海峡を越えて、モンゴリアンがシベリアから北アメリカ北部へ移動。オーストラロイドの東南アジアからメラネシアへの移動もあった。

（注）旧モンゴロイドは①ネグリト（小柄な黒人）、②ベドイド（南インドやスリ・ランカの住民に似ている）、③アイノイド（北海道に住むアイヌ人と同族）などである。

一八〇〇〇〇頃　阿蘇《あそ》、始良《あいら》、支笏《しこつ》、洞爺《とうや》、十和田《とわだ》などの大カルデラがつくられた。

一六〇〇〇頃　地球上の気温が高くなり始めた。

一一〇〇〇頃　旧モンゴロイドから分離して新モンゴロイドが誕生した（アムール河上流域）。

一〇〇〇〇頃　新石器時代に入り、日本列島で土器が使われ出した。

アフリカ・ニジェール河流域に始まった「ヒョウタン農耕文化」がインドや東南アジア方面へ伝えられた。

九五〇〇頃　アメリカインディアンが、これより一〇〇〇年間、北アメリカ北部から南アメリカ南端へ移動。

遊牧民のウラル・アルタイ語族「ツラン族」が、西シベリアのオビ河とイエニセイ河の上流域に発生した。のちに、ツングース、蒙古、サモエード、フィノウグリア、チュルクの五族（赤い彩色の土器を伴出）が生まれた。

八〇〇〇頃　西南アジアの肥沃な三日月地帯（イラン、イラク、トルコの高原地帯）で、野生種からの「小麦の栽培」が始まり、それが東西へ伝播していった。

ヒマラヤ山脈から東へ伸びる照葉樹林帯の中の「東亜半月弧」と呼ばれる肥沃な三日月地帯で、根菜農耕（ヤムイモ、タロイモ、バナナなどの栽培）が始まった。

雲南（標高二〇〇〇《メートル》の高原地帯）では野生種からの「稲の栽培」も始まり、これらの農耕文化は四方へ伝播していった。

ニジェールから出発し、インドのサバンナ農耕地帯を経て伝えられたアワ、ヒエ、キビなどの雑穀類も加えられ、「モチアワ」や「モチキビ」などがこの時期につくられた。

六〇〇〇頃　タイ北東部コラート高原のバンチェンに、稲作を伴う農耕文明が花開いた。バンチェンの土器は黒色で、刻文による多種多様の渦巻文のものが出土することから、日本の縄文土器との相関性が考えられる。

オクサス河とインダス河の上流域バタフシャン（今のトルクメニア地方）に、牧羊（複合）民族によってナマヅガ文化という彩陶文化が起こった。この文化の担い手は、サカ族とドラヴィダ族で、彼らはのちに檀君朝鮮と番韓の主力となった。

（注）このナマヅガとバンチェンの文化遺跡は、アジアとオリエントを結ぶ考古学上の「踊り場（文化センター）」であった。

五五〇〇頃　華北で、新石器時代の原始農耕文化が始まった（陝西《せんせい》省西安《シイアン》市郊外の半坡《はんぱ》遺跡）。アワを主食とし、豚を飼い、漁業と狩猟が盛んであった。住居は半地下式と平地式であったが、前者は日本の竪穴式住居跡に似ている。住居地域に児童のカメ棺があり、これも日本で発見されるものと同一。全体として優れた彩色土器文化で、紡錘車も出土している。織物や筵《むしろ》には模様を印した痕跡があり、「彩陶魚文鉢」「彩陶人面魚文鉢（人頭魚身のオアンネス画像）」なども出土している。

パン小麦は西方地域へ向けて、稲作は東方地域へ向けて伝播し始めた。

五〇〇〇頃　揚子江下流域に稲作の集落が起こった（浙江省余姚《よとう》県河姆渡《かもと》遺跡）。この遺跡から、日本と同型の約七〇〇〇年前の玦状《けつじょう》耳飾り（直径五センチ前後の硬玉製の装身具）が発見されている。従って、この当時、アフリカのヒョウタン、インドの緑豆《りょくとう》、中国の紫《し》蘇《そ》・エゴマ、ヨーロッパの牛蒡《ごぼう》などの縄文野菜が（中国から直接）日本（鳥浜など）へと伝来した。

四五〇〇頃　ナマヅガの彩陶文化が黄河上流域に伝わり、甘粛《かんしゅく》彩陶文化が始まった。

四〇〇〇頃　ナマヅガ彩文土器の熟成期を迎えた頃、アムダリヤ上流のバタフシャン産ラピスラズリ（宝石）を商う羊トーテムのサカ族と、牛トーテムの月氏の隊商が、馬や船などによってバビロンのスサからウルに入った。

パン小麦は、ドナウ河とライン河流域および黒海の西海岸と南ロシア全域に広がり、前三〇〇〇年頃には、ヨーロッパ全域に広がった。

（注）ナマヅガ文化はサカ族（ドイツ語でサカエ族）やドラヴィダ族によって運ばれ、

①イラン高原における「原エラム文化」に影響を与えた。

②ラピスラズリが、ハラッパ文化以前のコト・ディジ遺跡から発見されていることから、彼らがインダス文化の原型をつくっていたことがわかる。

③イラン文化を受容したナマヅガ文化が、綏遠《すいえん》地域を経て黄河流域の仰韶《ヤンシャオ》文化、あるいはカラスク文化となった。

三八〇〇頃　古代バンチェンに、青銅と錫の混合による青銅器文化が起こった（タイの隣国ラオスは世界一の錫の宝庫）。回転印章による文様をつけた絹布などが数多く発見されていることから、すでに蚕を飼い絹織物をつくるなどの文化が栄えていたことがわかる。

三七〇〇頃　バビロン（ティグリス河とユーフラテス河の間の地）の麻姑城《まこじょう》（ジックラト・『旧約』のバベルの塔）にいた黄穹氏《こうきゅうし》、青穹氏《せいきゅうし》（チュルク族）、白巣氏《しろすし》（シュメール人系の初期エジプト族）、黒巣氏《くろすし》（インドに南下したシュメール人系のドラヴィダ族）が移動を始め、四氏族の長であった黄穹氏＝苗族《ミャオぞく》とナーガ族（蛇トーテムの朴氏の先祖）が真っ先に移動を開始した（『符都誌《ふとし》』）。

（注）メソポタミアにいた苗族《ミャオ》及びナーガ族が移動し、高い土地、即ち天山洲《てんざんしゅう》（コーカサス山脈）にいたが、そこから北上して極北の地に臨んだ。そこは昼と夜が六ヶ月ずつで、樹木は稀であり、土地は常に雪や氷に覆われ、先住民は背が低くて毛皮を着ていた。そのため、そこに留まることをやめ、Uターンして南下し、天山《てんしゃん》山脈の西側に至った。彼らは協議して二派に分かれることになり、苗族《ミャオ》はステップ（草原）地帯を東に進んで中国へ移動し、さらに中国南部（雲南・コラート高原・バンチェン）へと移動を続けた（「苗族の伝承」）。一方、ナーガ族は南下してアフガニスタン東部のカイバー峠を越え、インダス河谷に流入した。彼らはダナヴァ族やダイユ族とともにアスラ族と呼ばれ、ドラヴィダ族とともに古代インダス文明の担い手となった。アスラ族はインダス河谷の伝説の都パタラ（焼きレンガの文化都市）から出発し、タキシラ、カンバ、ムルタン（ヒラニヤプーラ）、コーサンピーなどに都市国家をつくった。

その地に滞在中、「檀君教」を奉じる集団となったナーガ族は、その後、インド中部のデカン高原から北東部のナーガランドを経て、山伝いにコラート高原のバンチェンに入り、そこで再び苗族と合流して黒陶文化を展開させた。

三六〇〇頃　優れた金属文明を伴う「古代バンチェン王国」が成立した。この縄文目文様の黒色（又は灰色）陶器は、苗族《ミャオ》とナーガ族の文化と思われる。

三五〇〇頃　メソポタミア及びエジプトに古代文明（青銅器時代）が始まった（エリドゥの原シュ

メール人や古代エジプト人は蛇トーテム族であった)。

シュメール人がメソポタミアの南部にウンマ、ウルク、ウル、ラガシュなどの都市国家を建設した。銅と錫の合金である青銅を使った器や、楔型文字を使い始めている。

青銅器文化は、これより東西に伝播して行った。

ナイル河の中~下流域にハム人の都市国家である「ノモス」が成立した。
(注)円筒印章などを持ったバンチェン人(蛇トーテム族・庖犠《ほうぎ》氏)がアラビア海からシュメールとエジプトへ侵入した(「人頭魚身のオアンネス神話」)。鹿島のモデルは、バンチェン黒陶人がインドに侵入してデカン高原を横切り、シュメールに上陸して、さらにエジプト古王朝に参加したマヤ(植民者)であったというものである。このとき、彼らを待ち受けていたのは地中海人種であったと考えられる。『史記』が「陳に都した伏犠《ふっぎ》氏」というのは、地中海人種のエラモ・ドラヴィダ語族で、エチオピア又はエジプトに都した第一王朝の古フッリ人だったからであり、また「伏犠《ふっぎ》氏は蛇身であった」というのは、バンチェン人と同様に彼らも海人だったからである。そこで両民族が互いに抗争と和解を繰り返したとすれば、のちにインドに侵入したドラヴィダ人の中には、オリエントからリターンしたバンチェン人も混じっていたはずである。
両者の抗争については、ラス・シャムラのテキストでは「バールとモートの争い」として述べ、『桓檀古記』では、「檀君朝鮮と盤古《バンコ》神の戦い」として述べている。モートまたは盤古神は、元来焼畑文化の再生神だったことから、バンチェン北部

の照葉樹林帯における農耕民の主神だったことが窺われる。彼らは古代ウバイド人（燧人《すいじん》氏）を征服し、これに代わってバビロンを支配した。

三五〇〇頃　仰韶《ヤンシャオ》彩陶文化が拡散し始めた（河南省澠池《めんち》仰韶《ヤンシャオ》県遺跡）。仰韶《ヤンシャオ》式の土器はトルキスタン、アフガニスタン、イラン、シリアと同一であった。

三二〇〇頃　原マレー人のメラネシア及びミクロネシアへの移動が始められ、その民族移動の波は一〇〇〇年以上も続けられた。

シュメールの「ウル第一王朝」始まる。

三一〇〇頃　イエニセイ河上流とアルタイ地方に、アファナシュヴァ文化と呼ばれる青銅器文明（前三一〇〇〜二〇〇〇）が起こった。この文化の担い手はパレオ・ユーロペオイド的タイプであることから、クルガン人だったのであろう。墳墓の板石に、カラスク文化と中国のトーテツ文様に似た「鷹と人面像」が刻まれている。クルガン人はすでに車輪付き馬車を使用していた（『馬韓世家』）。

アーリア人の原郷が、黒海及びカスピ海の北、ボルガ及びドニエプル河の下流にあたる南ロシア地方に起こった。

中南米のエクアドルからバルデビア土器が出土している。

ナイル河流域の「ノモス」が上下のエジプト二王国に統合された。

（注）インド・ヨーロッパ語族の原郷では、農耕が行われ、牛、豚・馬が飼育されていた。銅や青銅の冶金が盛んで、車輪や車軸などが金属でつくられていた。王がいたが、武力的というよりむしろ宗教的な僧であった。支配階級である僧侶や武

士、そして庶民がいた。武士は協議会を持ち、耕地を共有した。家父長の権力は強かった。各村落には防塁が巡らされ、クルガン（高塚墳墓）を持っていた。

三〇〇〇頃

エジプト二王国がエジプト古王国に統合され、首都が両国の接点メンフィス（今のギザ市の近く）に定められた。エジプト第一王朝の始まり。

前二六五〇年から一〇〇年間、ギゼーの大ピラミッドを代表とする多くのピラミッドが盛んにつくられるようになり、古代エジプトの象形文字であるヒエログリフや太陽暦が使われだした。

地中海の東、レバノン山脈の沿岸地帯にフェニキア人という航海に巧みな人々が住み着いていた。カナンの北、レバノン杉の原産地近くのアルワド（古い港）として、ピプロス、ティロス、シドン、ティール、アッコなどが繁栄していた。のちに、ここを基地にした「タルシシ船団」が地中海を制覇し、さらに大西洋を越えてアメリカ大陸まで到達した。

インド西北部にインダス文明が起こった。モヘンジョ・ダロ、ハラッパに匹敵する海洋貿易都市マカン（前三〇〇〇～一五〇〇）が、インド・グジャラート州（ガッチ湿原・カディール島）のドーラ・ビーラ遺跡で発見された（ＡＤ二〇〇〇年三月発表）。

（注）ピラミッドづくりに必要な多くの奴隷を世界中から集めるため、レバノンの糸杉を買い集めて構造船や遠洋航海の技術を発達させた。その構造船の遺物はピラミッドの中から発見され、また遠洋航海の記録はナイル河の茅《かや》でつくったパピルス（紙の代用品）に記された文書「パピルス」としてエルミタージュ博物館に保

存されている。

二八〇〇頃　ウルク王エンメルカルが、アラッタ（アララト山）の王と争った。

二五〇〇頃　エーゲ海にクレタ文明が起こった。

エジプト第五王朝（前二五六二～二四二三）が起こった。太陽信仰が盛んになり、太陽神殿が建造された。ピラミッド内部には「ピラミッド・テキスト」が刻まれるようになった。

エジプト古王朝の商業植民市であったラガシュ王国（火と怪鳥を信仰するゾロアスター教の古代都市）が、ユーフラテス河上流域に出現した。

（注）ラガシュ王ルーガル・シャゲングル（神農炎帝）は、エジプト第五王朝のファラオ・サアウレェのシュメール読みとなる。とすれば、司馬遷の『史記』にいう「炎帝が陳《ちん》から曲阜《きょくふ》に移った」とは、「ルーガル・シャゲングルがエチオピアからバビロンに移った」という歴史の翻訳であったということになる。

また、ラガシュ王の貿易基地であった「マカン」とは、アラビア半島のオマーン（プント）のことであるが、その本国は東南アジアのメコン（マカン）河流域にあって、バンチェン王国、オケオ港、マレー半島という一大文化圏をつくっていた。即ち、エジプト第五王朝の「商社マン」たちであるラガシュ商人は、クレタの商船とプントの商船によって、バンチェン文化圏と交易していたのである（ゾロアスター教は倭人の聖火信仰のルーツ）。

二四五〇頃　山東省に、金属文化を伴う黒陶（灰陶）の竜山《ロンシャン》文化が始まった（山東省歴城県竜山

二四〇〇頃　精巧なスポークの車輪付き木製馬車を自在に使うクルガン人が、コーカサス地方に侵入して黒海に進み、インド・ゲルマン的特徴の混合文化（〜二三〇〇）が生まれた。鎮の城子崖《じょうしがい》遺跡）。

二三五〇頃　アッカド帝国建国。メソポタミア北部にいたセム族のアッカド人・サルゴン一世（黄《こう》帝《てい》・崇伯鯀《そうはくこん》）がルーガルザグギシ（蚩尤《しゆう》）を破ってシュメールを征服し、メソポタミア最初の統一国家を建てた。
（注）サルゴンの子マニシュトスは、アンシャンとエラム及び「海の彼方／三二都市の王たちの連合軍」を撃破したという。その「連合軍」とはインダス文明の諸王らしいが、さらにその子ナラムシンは、マカンを攻撃して閃緑岩《せんろくがん》の生産地を支配した。

二三〇〇頃　この時代、すでにアラビア海にはアラビア側のバハレーンにディルムン、オマーンにマカン、インド大陸のマルーワにメルッハという港があって、アビシニアのエブス人やソマリアのプント（オッフル）人とともに、オリエントとインダスの両文明を結んでいた。そのためアラビア海は船だらけだったから、海人たちはインド洋海域からマレー半島を経てメコン河流域に到達し、バンチェン文明と交易ルートを保っていた。
ウンマのルーガルザグギシ（蚩尤《しゆう》）の後孫・蚩頭男《しとお》が王倹城の番韓王となり、琅邪《ろうや》城（バハレーン島の城）を築いた。

二二〇〇頃　原マレー人がミクロネシアへの移動を始めた。

インド・ゲルマン語族のヒッタイト人がアナトリアに入植し、ギリシアにもインド・ゲルマン語族が出現した。

二〇五〇頃　フッリ人、シリアに侵入し、アモリ人が移動。
二〇一七年、前期イシン王イシュビ・イラ（夏王靡《び》＝殷王天乙《てんいつ》）が建国した。

二〇〇〇頃　アフナシュヴァ文化が西南のカザフスタンへ移動して、アンドロノボ文化をつくった。
この二つの青銅器文化の担い手はアーリア人であった。
小アジア・アナトリア高原にヒッタイト王国が起こった。

（注）『旧約聖書』に出てくる「砂鉄から鉄を採る」製鉄法を独占していたヒッタイト（ハッティ）もアーリアン（白人）であって、早くから小アジアに起こり、前一二〇〇年頃まで続いた王国を建てたが、王国の首都は現在のアンカラに近いボアズキョイであった。

『古事記』は「須《す》佐《さ》之《の》男命《おのみこと》（牛頭《ごず》天王）がヤマタノオロチを退治して大蛇の体内から宝剣を得た。それが天皇家に伝わる三種の神器のうちアメノムラクモノ剣《つるぎ》である」と述べる。このルーツが、ヒッタイトのイルルヤンカシュ神話である。暴風神ケルラシュ＝スサノオ、イルルヤンカシュ＝ヤマタノオロチという図式である。

ヒッタイトに残るフッリ人の竜神イルルヤンカシュ神話は、古代の竜トーテム族と暴風神トーテムの部族が混血してウガリット時代のフッリ人になったことを示唆している。

暴風神ケルラシュは、ミタンニ・フッリ人のインドラ神と同一であるから、フッリ人を征服したアーリア人の神である。それがクレタ人の牛神信仰を吸収して、ウガリットで天候神ダゴンとその子の牛頭神バアルになったと考えられる。とすると、ヒッタイトが支配する以前のフッリ人は蛇トーテム族で、ヒッタイト人の支配下において「暴風神に征服された蛇（竜）神」という説話を持つに至ったことになる。従って『古事記』神話の内容は、「暴風神を信仰するヒッタイト族が、竜（蛇）を信仰し鉄刀をつくる原住民を征服して、その地で製鉄を行った」と解すべきである。

ちなみに、古代ユダヤ語で「タンニーン」は蛇、竜、ワニのいずれかを指すから、ユダヤ人がこの神話を語るとき、聞き手は竜として受け取ったと考えてもよいし、蛇としてもよいのである。

ウガリットのフッリ人は、前三〇〇〇年頃からシリアの地で栄えたエブラ国の子孫だったらしい。すると「シュメール人→エブラ人→フッリ人→ウガリット人」という図式が認められ、ヒッタイト国の「天《あめ》の岩屋」と天照大神の「天《あめ》の岩屋」両神話の類似性などが解明されて、ウラルトゥ王朝（神武の先祖）との関連性も説明できることになる。

二〇〇〇頃　アーリア人は南下してイラン高原へ入り、それまでセム系の国であったイランを支配した。

アーリア人に属するケルト人がヨーロッパ中部、西南部で活躍を始めた。

同系のアカイア人及びイオニア人が南下してギリシアに入り、クレタ島を中心とするクレタ文明に接触して、ミケーネ文明を生んだ。

一九〇〇頃　バビロン第一王朝始まる。

一八〇〇頃　インド・アーリア語族の拡散時代。

一七九二年、『ハムラビ法典』が定められた（「十戒」はこれを下敷きにしている）。

アブラハムがメソポタミアのウル市に生まれた。

一七九〇頃　ラルサ王リムシン（前一八二二～一七六三）がアッカド王（ウル王朝）の後継者と自称し、その治世の晩年に統制経済政策を強化したため、アラビア海の交易ルートは衰退し、富裕な商人階級が急速に消えていった。

アーリア人がイランを経て、インダス河谷へ侵入した。リムシン統制経済の弊害と併せて、インダス文明崩壊の一つの原因とされている。

それらの余波を受けてか、あるいはインダス河の流れが変化したためか、アラビア海のマカン（ドーラ・ビーラ・応韓）が基地の移動を始めた。

一七八六年、セム系の騎馬民族であるヒクソス（牧羊人）がエジプトへ侵入し、ナイル河下流域の三角洲地帯（下エジプト）を支配した（～一六六〇）。

一七五〇頃　フッリ人がシリアに拡散した。

一七三〇頃　ヒッタイトが鉄の武器を持ってメソポタミアへ侵入し、バビロンのハムラビ王朝を倒した。

一七〇〇頃　イシン王家に従属していたカルデア人の商社・アリク・ディルムンの出先機関である

一六〇〇頃　マカン（韓）と、メルッハのエブス人らがバンチェンに入り、海南島から山東省に上陸して（韓商人のコロニー）をつくった。
バンチェンⅣ層では、「幾何学的曲線文様のある彫刻、彩色された陶器」がつくられ、多くの青銅製品に混じって青銅矛の刃の部分だけに鉄を使用した複合金属製品が発見された。

一五九〇頃　ヒッタイトがバビロンを攻略したのち引き揚げると、アジア系の雑種といわれるカッシュ人が海の国（バハレーン島）のシュメール人を駆逐し、バビロンを支配したが、それは前一二三五年まで三五〇年間も続いた。
セム系アーリアン（クシャトリア）はガッチ湿原のマカンから出発して北上し、デリーを通ってマガダ地方に至った（黒縁赭色《こくえんしゃしょく》土器の分布道筋）。
白人の純血アーリアン（バラモン）は、メルッハ（ハラッパ）から出発し、クル・パンチャーラ（デリー）を通ってガンジスの上流に至った。
（注）インダス河流域と違ってガンジス河流域は土質が固いので、鉄の農具でなければ耕作できなかった。そのため、ヒッタイトの鉄文化が浸透していったのである。

一五八〇頃　ヒクソス（牧羊人）がエジプトの独立軍に追放されたため、メルッハ族のうちエブス人がエルサレムへ移動した。彼らの一部は大航海して中国の殷人に参入した。常に連携していたフェニキア人とエブス人の関係は、遠洋航海を得意とする運び屋と、武装した商人グループの関係であった。

一五〇〇頃　干莱《かんらい》（韓商人）のエブス人が、フェニキア人とともに黄河流域を遡り、河南省へ進出して殷（商）交易基地の文化圏をつくった。河南省内で鉄刃銅鉞《どうえつ》（マサカリ）と鉄刃銅戈（ホコ）が出土している。

別のエブス人たちは、アルワドからインド中部のロータルに移住し、デリーを経てマガダ近くまで移動した。インド一六ヶ国時代には、アヴァンティ国、コーサラ国、アンガ国などの太陽（日神）王朝諸国となった。

一四〇〇頃　ミノア文明が突然崩壊した。

一二九〇頃　エジプト第一九王朝ラムセス二世が即位。この治世下に、モーセがユダヤ人を率いてエジプトを脱出した。

一二二五年　ヨシュアの指導下に『約束の地』カナン（パレスチナ）に侵入して定着した（士師《しし》の時代）。

一二〇〇頃　ドーリア人がペロポネソス半島へ侵入して、ミケーネを滅ぼした。

カッシュ人はアッシリアに追われて一部はマカンに逃れ、海の国を支配していたセム族のカルデア人と合流してヤードゥになった。

原マレー人がミクロネシアからポリネシアへ移動を始めた。

中南米にオルメカ文明が起こり、約一〇〇〇年間栄えた。

（注1）パンジャープのバーラタ族が後から来たプール族とともにクル国に入ったとき、マカンからヤードゥも参入してヤーダバー族と称した。

この頃、クル国のバラモンの修行僧（王族）が、クル国周辺のジャングルにいたナーガ族と接触した。結果、ナーガ族はバーラタ族やカッシュ人の先祖を自分の先祖にしたらしく、このことは『桓檀古記』の解明によって推理される。即ち、クル国周辺のジャングルにいたナーガ族や、瓦人《わ》(倭人)の祖のカーシ族を教化したインドラ教もしくはヒンズー教のバラモンこそが、「檀君朝鮮」教団の創作者だったと考えられる。

(注2) ポリネシア人(原マレー人)は西から東へ移動し、海流と風に逆らって大移動した。移動の導き手は、①星と天文学 ②雲、水、鳥、テ・ラパ(水中の生物発光) ③海図と二種類の舟・アウトリガー付きカヌーとダブルカヌー/海図には「謎の文字」ロンゴロンゴが使われていて、それは甲骨文字・インダス文字とそっくりであったという(竹内均説)。

一〇一三 アッシリア王シャルマネサル二世の攻撃によってイシンが滅んだために、ヒクソス人は海に浮かび、アラム人は北に退き、ウル人は南に逃れた。

(注) このとき、カルデア人は捕えられていた王族・子叔箕賖《きしゃ》(箕子《きし》)を奪い、インド洋を越えて遼東に上陸し、カラキに築城し、国を辰迂殿《しんういん》(奇子朝鮮)と名付けた。人々はこれを智淮氏燕《ちえしえん》(カルデア人の燕《えん》)と称し、召公《しょうこう》の燕《えん》(エラム人の燕、またはセラミスの軍団)と区別した。ここに至り、アッシリア(及び周)はイシン征討を断念し、辰迂殿《しんういん》王箕子を封建しようとしたが、箕子はこれを拒否した。

一〇〇六 アッシリアのバジ王家とエラムが攻撃してきたので、箕子の一族はシルクロードを辿り(金鉱のある)湖底の都イッシク・クルに退いて都した。

(注) 箕子《きし》国の史書『辰殷《しんいん》大記』は、「箕子は老いて子がなかった。王はまさに東に退

かんとして、海ノ国の末王カシュナディンアッへの王子を養子とし、ついで没した（八九歳）。この王子は国史の『国常立尊《くにのとこたちのみこと》』である」と述べている。これについて司馬遷の『史記』は、「前四六二年、周の武王が、殷の王族・賢人箕子を朝鮮王にした」と記している。

九九三　ダビデがエブス人と同盟して、イスラエル統一王国の王に即位（～九六一）。

九六一　ソロモン王即位（～九二二）。やがてソロモン王は、シバの女王ビルキースと政略結婚して、王子メネリケ（エチオピア王家の始祖）を生む。

（注）「列王紀」上第一〇章は、「ソロモン王は海にタルシシの船隊（当時最大の外洋航行船）を所有し、タルシシの船隊に三年に一度、金、銀、象、猿、孔雀を乗せて来させた」と述べる。孔雀はインドとセイロン（スリ・ランカ）以外にはいないから、タルシシの船隊が、金と銀をジャバ島またはマドウラ島で積み、象、猿、孔雀をセイロン島の対岸マドラス（船員の語源）で積んだと考えれば、この船隊の貿易ルートは明らかであろう。世界の富を集めたというソロモン王の栄華は、「ツロ」を商都としたフェニキア人の貿易によって成立し、ヒッタイト人と協力して金、銀、錫などの金属を求めたが、独占権を守るために「タルシシ」（交易の目的地）の位置を秘密にしたという。しかし、それはエブス人の船団でもあったから、三年毎に訪れる最終の目的地は、遥かなる河南省（夷人《えびすじん》の国）の植民市・殷（商）だったのである。

やがて彼らは、ヒッタイト人の手で九州国東《くにさき》半島重藤《しげふじ》に大製鉄基地を築き、砂鉄を原料とし、多くの薪を燃料として、また西南の風をフイゴとして、「縄文鉄」を入手すると各種の鍛鉄製品をつくった。そして、この貴重な交換物資を殷文化の宝物としていった。

また、この鉄製品を呼び水として、扶南のオケオ港や海南島から、バンチェン人が苗族とともに鉄文化を伴う弥生式水田農業を持って移住して来た。

わが国弥生農業の伝来は「五〇〇年遡る」というのが、早くからの「鹿島説」であった。

九五五　ソロモンの神殿完成。

九二二　南ユダ王国と北イスラエル王国に分裂。最古の「創世記」はこの頃編まれた。

八五〇頃　ウラルトゥ王シャルドウリシュ一世（オシホミミノ命・叔帯《しゅくたい》）即位。

八四九　シャルマネサル、ウラルトゥを略奪するが、ウラルトゥ王シャドウリシュ一世が国力を回復し、ヴァン湖の岩上に築城してトプラク・カレー碑文をつくる。

八一七　ウラルトゥ王イシュプイニッシュ（～八一〇／ニニギノ命・趙夙《ちょうしゅく》）在位。

八一四頃　カルタゴ（新しい港）建国。

八一〇　ウラルトゥ王メヌアシュ（～七八一／ホホデミノ命・共孟《きょうもう》）在位。

八〇〇頃　スキタイ人が西ヨーロッパに進出。

七八一　ウラルトゥ王アルギシュティシュ一世（ウガヤ初代・衰子餘《すいしょ》または申侯《しんこう》）が、アッシリア王シャルマネサル四世を破る。『史記』はこれを、「幽王、犬戎《けんじゅう》に伐たる」と記す。

ドーソン（銅鼓《どうこ》）文化の拡散。インド太陽王朝のマラ族と月神王朝のマガダ国の連合軍が、銅鼓文化を持ってジャワ島・バリ島・セレベス島などに入った。

（注）『契丹北倭記』（フェニキア人の史書）に、「孟戊《もうぼ》・苗羅《びょうら》は南田に田《りょう》す」とあり、このことをいうのであろうが、このドーソン（銅鼓）文化は天《あめ》の鳥船《とりふね》（構造船）で運ばれて、九州や朝鮮などへも伝来している。

七七〇　ウガヤ二代シャルドウリシュ二世（～七四〇頃／盾《じゅん》）在位。

この頃、国東半島重藤の製鉄基地が発展して、豊前（福岡県）京都郡《みやこぐん》・宇佐八幡（バハン）を都とする。

東表国《とうひょうこく》（豊日国）建国。タルシシ船の船長が選ばれ、エビス王家のクルタシロス一世となった。わが国第一王朝の始まりである。

「トウビョウ」はヒッタイトに所属するフッリ人の蛇トーテム（蛇神）を表し、宇佐八幡はヒッタイトの旧都ハットウサを表現している。

七五三　ローマの建設。

七五〇　シャルドゥリシュ二世、アッシリアに敗れる。

七四〇　シャルドゥリシュ二世、シリアを失い、ウガヤ三代ルサ一世（朔《さく》）即位。

七一四　ルサ一世、アッシリアに敗れて自殺。ウガヤ四代アルギシュティシュ二世即位。

六九〇頃　ウラルトゥ、キンメリと同盟し、アッシリアに侵入するが、アッシリアはスキタイとともにこれを迎撃し、小アジア方面に圧迫する。

六八五　ウガヤ五代ルサ二世（～六四五／武）在位。

六六八　アッシュールバニパル王「アッシリア帝国」を築き、首都ニネベの書庫にシュメール人の粘土板を収集する（洛陽金村の「韓の驫氏《ひょうし》の鐘《かね》」の銘文）。
六四五　ウガヤ六代シャルドウリシュ三世（〜六二五／景叔《けいしゅく》）在位。
六二五　ウガヤ七代エリメナ（〜六〇五／簡子鞅《かんしおう》）在位。
六一二　アッシリアの首都ニネベ陥落。バビロニアの統治始まる。
六〇五　セム族の末王ネブカドネザル即位（〜五六二）、バベルの塔を再建。
　　　　ウガヤ八代ルサ三世（〜五九〇／成君）在位。
六〇〇頃　フェニキア人はキュロスの時代に、ペルシアの支配下に入った。
五九〇　ウガヤ九代ニディント・ベル（襄子《じょうし》毋郝《かんかく》）即位。
五九七　ネブカドネザル、ユダを侵略（〜五八六）。バビロンの捕囚時代（〜五三八）。
五八六　エルサレム陥落。ソロモンの神殿が破壊され、「契約の櫃《はこ》」消える。
五八五頃　ウラルトゥ王国崩壊。ウガヤ一〇代アルカ（桓子）は一族を率いて、キンメリ族（匈奴・魏）と同盟し、シルロードを辿り中国（山西省）へ移動して趙《ちょう》（大夫餘・中国《しん》）を建てた。
五七五頃　アラビア海「マカン」のカルデア人が沖縄を経て山東省に辿り着き、『史記』の晋の昭公となって、シャキイ族、ナーガ族、ムンダ族、瓦人、クメール人などを討伐し、河北省の地に中山国を建てた。
　五三九　アンザンのキュロス、ペルシアを建国。
五三〇頃　タルシシ船団滅亡と伝承されている。

五二〇頃　ペルシア帝国カンビセス二世（〜五二二）在位。
　ケルト人の登場。ケルト人の最初の諸部族が北イタリアへも進出する。
四九二　ペルシア戦争。
三三四　アレキサンダー大王の東征（〜三二四）。
三三〇　イッソスの戦いの後、アレキサンダーによってダリウス三世殺される。
三二八　アレキサンダー、マラカンダでクレイトスを殺し、スピタメンも暗殺される。
三二四　アレキサンダーは、バクトリアからシルクロードを経て長安に至り（洛陽を建設し）、インド西部にまで征服の版図を大きく拡げる。
三二三　アレキサンダーがバビロンで病死したため、帝国は分裂した。
　セレコウス・ニカトルがバクトリアを支配する。
二八〇　アンティオコスがバクトリア王となる。
二五六　バクトリア知事ディオドトスが、クーデターによってグレコ・バクトリア国（大秦国・大夏国）を建て、ディオドトス一世と称した。
二四六　ディオドトスは、バクトリアの統治を二世（胡亥）に任せ、自ら精強なペルシア軍団を率いて中国に至り、秦王政として諸国制覇に乗り出す（始皇元年）。
二三九　ウガヤ四二代（チュルク族）の解慕漱《かいぼそ》（〜一九四／『魏世家』の大梁王仮）が満州松花江畔・農安へ移動して北夫餘王（前期王朝）となる（秦王八年）。
　マレー海域のヤーヴァ・ドヴィーバ（五穀豊かな国）の移民が立てていた中山国《ちゅうざん》が滅び、国王綽《しゃく》が蜀に移されたため、残された遺民たちは遼東へ移動し、原ツングースを従えて奇子朝鮮（智淮《ちえ》氏燕《しえん》）を再興した。

（注1）『史記』に「秦始皇帝八年、王弟の長安君成蟜《せいきょう》が、軍を率いて趙を伐ったが、屯留の民を従えて反逆した。成蟜《せいきょう》は屯留で自殺し、秦は屯留の民を臨洮《りんとう》に移した」とある。

従来、成蟜《せいきょう》＝解慕漱《かいぼそ》で、この二人は同一人とされてきたが、それが誤りであり、濊《かい》族の解慕漱《かいぼそ》（番韓王）はインド系倭王となった陝野《きょうの》侯裴幣命《こうはいへいめい》と同系のサカ族のクシャトリア（武士）であったことが鹿島によって証明された。

（注2）秦によって蜀（四川省）に移された中山国王綽は、その後、安陽君としてベトナムに文郎国を建て、ボルネオにも耶馬提《やばてい》国を立てていた。やがて遼東へ移動し、公孫氏（大物主命系）として五〇年間活躍したのちに、九州の王（倭国王）となった。

（注3）奇子朝鮮の王族以下が先住のチュルク人の匈奴とさかんに混血し、東胡と称した。そのなかで、中山国の鮮虞の胡（エビス）が東胡となり、東胡が鮮卑から契丹・コマ奚《き》・室韋の三族になり、そこから蒙古族が生まれた。

一方、インド製鉄族の「宛《えん》の徐氏」が、マカン（オケオ）を経て河南省の南陽《ナンヤン》（鉄鉱石を石炭で溶解する新方式の大製鉄基地）にいたが、秦に追われたのち同族の奇子朝鮮を頼って北上し、これがのちに契丹の宗家となった。

即ち、檀君朝鮮（韓人・倭人・銕人《てつ》）諸族の移動路はほぼ同じだったのである。

二三〇　ディオドトス二世が即位するも、将軍エウチデムスはその地位を簒奪してバクトリアの王となり、バクトリア、ソグディアナから南進、ヒンドゥクシュ山脈を支配した。そのためディオドトス二世は、父の跡を追い中国へ逃れた。

二二八　秦王政が趙《ちょう》（邯鄲《かんたん》）を滅ぼした。

二二七　荊軻《けいか》、始皇帝暗殺に失敗。

二二一　秦王政が中国を統一して秦帝国を建て、泰山で即位式を行い始皇帝と称す。始皇帝は燕と趙の長城をつなぎ合せ、さらに蒙恬《もうてん》に命じてオルドス地帯の黄河沿いに新しい長城を築かせた（「万里の長城」）。

二一三　始皇帝による焚書坑儒（歴史捏造）起こる。

二一〇　始皇帝死す（『史記』は始皇三七年と記す）。

二〇九　二世胡亥《こがい》（〜二〇七）即位。

二〇八　エウチデムス、シリア王アンティオコスを破り、バクトリア王国を承認させる。

二〇七　エウチデムスがバクトリアから追撃してきて、二世胡亥《こがい》を討つ。

二〇六　三世子嬰《しえい》もエウチデムス（項羽《こうう》）に殺され、宮廷も焼かれて秦が滅亡した。秦の王族たちは遼東へ逃れ、奇子朝鮮を頼って亡命した。そのあと、エウチデムスは中国人の治め難さを知って、インドへ転進した。従って、項羽と劉邦の戦いという史実はなく、『史記』の捏造であった。

二〇二　劉邦らが「前漢」を建国して、（棚ぼた式に）秦の遺産を引き継いだ。このとき、始皇帝の陵墓驪山陵《りざんりょう》（兵馬俑《へいばよう》出土の墓）の地下宮殿は焼かれていない。ザマの会戦（カルタゴとローマの大会戦）。

一九五　漢がエラム人の燕を滅ぼす。
漢に屈服した燕人衛満が、奇子朝鮮を滅ぼし、王倹城に朝鮮国を建てる。
一九四　ウガヤ四三代・北扶余（前期王朝）慕漱離《ぼそり》（〜一六九）在位。
一六九　ウガヤ四四代・北扶余（前期王朝）高奚斯《こうけいし》（〜一二〇）在位。
一四六　西洋文明ローマの攻撃によって、東洋文明のカルタゴが滅亡した。
一四一　漢の武帝が即位。
一二九　漢の高祖の命で張騫《ちょうけん》（〜一一三）が、シルクロードのオアシスロードを旅した。
一二八　穢《かい》王アグリナロシが自刃し、子のイサシが逃れて扶余《ふよ》に合した（『契丹集史』）。
奇子朝鮮の上将卓《たく》、帯方（月支）に辰《しん》国（中馬韓）を建てる（『契丹集史』）。
秦の亡命者（イスラエル南朝ユダの人々）が慶尚南道（慶州）に馬韓の分国を建て、
辰韓（または秦韓）と称した。
一二〇　ウガヤ四五代・北扶余（前期王朝）高（解）干婁《かんる》（〜一〇八）在位。
一一一　漢が南越王国を滅ぼして九郡を置く。
旧広西省蒼梧《そうご》郡の秦王ら海上に浮かび、九州や秦韓へ逃れる。
一〇八　漢が「衛氏朝鮮」を滅ぼして、楽浪《らくろう》、臨屯《りんとん》、真盤《しんばん》、玄菟《げんと》の各郡を置く。
八六　ウガヤ四六代・東扶余王解夫婁《ふる》（〜四七）在位。
七五　漢が遼東に玄《げん》菟城《とじょう》を置く。
七四　秦韓のユダヤ人シメオン族が対馬を経て北九州へ移動し、倭奴《わど》国を建てる。
（注）東表《とうびょう》国（駕洛《から》国）エビス王クルタシロスから、背振山脈一帯（佐賀県）を割譲

させて九州唐津へ上陸し、鳥栖と吉野ヶ里の地にクニを建てたところ、これを聞いた南越（旧広西省）蒼梧《そうご》郡の秦王が率いる苗族《ミャオ》・猺族《ヤオ》（新しい弥生農民）たちも合流して、倭奴国となった。やがて一世紀になると、その先遣隊が対馬にいた奴国・猿田彦系ユダ族と連合して東遷を始め、銅鐸と前方後円墳文化を伴う弥生農業の拡散に努力しながら、国史の宇治氏、羽田氏、和珥《わに》氏、士師《はじ》氏となって秦王国（伊勢国）の建国に努力していった。

四七　ウガヤ四七代・東扶余王金蛙《きんあ》（〜AD六）在位。

三三　漢の成帝の治世に、倭人の百余国が漢に献見した。

三〇　ローマ、地中海世界を制覇。

三　イエス・キリスト誕生。

一　漢の哀帝が死去。王莽《おうもう》が漢の実権を握る。

AD

三　北扶余（後期王朝）の穢《かい》王陜父《きょうふ》が高句麗から亡命して、ニギハヤヒ命（世襲名）とともに熊本に多婆羅《たばら》国を建てる。

六　ウガヤ四八代・東扶余王帯素《たいそ》（〜?）在位。

一二　王莽《おうもう》、高句麗王騶《すう》を殺す。

二五　王莽を滅ぼし、光武帝が後漢を建てて即位した。

二二　高句麗、扶余を討って王を殺す。

三二　高句麗、後漢に朝貢。
五七　倭奴国《わどこく》王が漢に朝貢し、漢倭奴《かんのわど》国王の金印を授けられる。
光武帝死去。
六八　東扶余、再興する（『迦葉原《かようばら》夫餘紀』）。
一〇五　蔡倫《さいりん》、紙を発明する。
一〇七　倭王師升《ししょう》（エビス五四代大炊《おおい》 建命《たけるのみこと》）、後漢に朝貢する。
一一一　扶余王、楽浪郡（平壌《ピョンヤン》）に侵入する（『後漢書』）。
一一八　高句麗、濊貊《かいはく》とともに漢の玄菟《げんと》郡を襲う。
一二一　鮮卑、雲中《うんちゅう》に入寇し、馬韓を攻撃。高句麗・馬韓・濊貊、玄菟郡を包囲する。
東扶余王、子の尉仇台《いきゅうだい》を遣わし、漢とともに高句麗、馬韓、濊《かい》、挹婁《ゆうろう》を破る。
一二二　東扶余、玄菟郡を救い、高句麗・馬韓・濊貊を討つ。
一二四　鮮卑、玄菟郡を襲う。
一三二　高句麗、漢の西安平を討って帯方令を殺し、楽浪太守を捕える。
一三六　ウガヤ五〇代・扶余王尉仇台、二万の騎兵を以って漢の玄菟郡を襲う（同書）。
一四五　高句麗次大王在位。
一四七　倭の大乱（～一八九）つづく。高句麗、倭奴国を攻撃する。倭奴国はエビス王家の東《とう》表《ぴょう》国（九州と朝鮮がワンセットの領域）の分国で、このときのエビス王は第五五代海部《あまべ》知男命《しるおのみこと》であった。
一五六　鮮卑王・檀石槐《だんせっかい》モンゴールを支配する。

一六五　倭奴国王・椽那皀衣《てんなひゅうい》の明臨答夫《めいりんとうふ》（海部知男命）が、高句麗次大王を殺す。
高句麗新大王（〜一七九）在位。
（注）『倭人興亡史』第一七章に、「神祖・新大王（伯固）は、故国川王（男武《おぶ》・伊夷謨《いいばく》・稲井《いない》の命）をマコクに、山上王（延優・位宮・三毛野の命）をヤコクに、難升米《なしめ》（アヒラツ姫）を楽浪に、罽須《けいす》（貴須王・尉仇台二世・仇首王・若三毛野命《わかみけののみこと》・神《かむ》倭《やまと》イワレ彦・神武）をサハキ（扶余）に、発岐《ばっき》（五瀬命）を沖縄に配した」とある。当時の高句麗の版図は、アムール河（黒龍江）から朝鮮半島を経て沖縄まで、東アジア全域に及んでいたのである。

一六七　ウガヤ五一代・扶余王夫台兵二万を以って玄菟郡を襲い、失敗する。
神武と五瀬《いっせ》、河内白肩津《しらかたつ》で長髄彦《ながすねひこ》に敗れる。
一六八　鮮卑と濊貊（長髄彦水軍）、幽州・并州《へいしゅう》に侵入。
一六九　漢の玄菟太守臨、高句麗を討ち、高句麗敗れて再び遼東郡（漢）に服属する。
一七八　鮮卑王・檀石塊《だんせっかい》、（満州の）倭人国を襲い、倭人を捕える（『後漢書』）。
一七九　檀石槐、幽・并《へい》二州に入寇。発岐《ばっき》、涓奴部《けんぬぶ》（水軍）とともに下戸三万余人を率い公孫域《いき》に降服し、のち再び沸流水《ふつりゅうすい》に帰る。
高句麗新大王の次子故国川王（〜一九七／伊夷謨《いいばく》・稲井の命）在位。
一八〇頃　ウガヤ五二代・尉仇台二世（〜二三四／罽須《けいす》・タケミカヅチ・神武）在位。
一八四　漢に黄布の乱が起こる。
一八九　遼東侯・公孫度《ど》（〜二〇四／大物主命）在位。

一九七　高句麗新大王の三子・山上王（〜二二九／位宮・延優）在位。倭奴国の王女照玉姫《てるたまひめ》を娶る。丸都《がんと》城（輯安《しゅうあん》）を築城（〜八年）。
（注）『高句麗本紀』に、「山上王元年、王弟（義弟）罽須《けいす》、公孫康《こう》を破る」とある。同書によれば、「発岐《ばっき》は裴水《はいすい》で自決した」とある。

二〇四　五瀬命（発岐《ばっき》・自決していない）は（孝昭系）北夫餘（後期王朝）王饒速日命《にぎはやのひのみこと》を攻撃する。
遼東侯・公孫康（事代主《ことしろぬし》命）在位。

二〇五　公孫康、楽浪郡南部を分割して帯方郡を置く。

二〇九　高句麗の山上王延優《さんじょうおうえんゆう》、（長兄発岐《ばっき》と対立し）丸都城に建国する（高句麗の分裂）。

二一〇　新大王の末子（女婿）罽須《けいす》（イワレヒコ）が北九州に橋頭堡を築き、公孫氏の大物主王家が投馬《とうま》国（薩摩・日向）を建てる。
（注）このとき侵入してきた扶余族イワレヒコのクメール軍団と、数年間も戦い続けたのが倭奴国のユダヤ人諸族であったが、神武と公孫氏の挟撃により頼みとするシメオンの族長大国主命（世襲名）を殺されたため、戦う気力を失い、一部は志賀島から船に乗って出雲（のちの大社）へ逃れた。また猿（作）田彦らは博多から船に乗り、東遷して秦王国の一行に参入した。その敗戦による慌ただしい移動の際の主導権争いで、「倭奴国の金印」が見失われたものと考えられる（金印は江戸時代になって、志賀島海際の田から発見された）。

二一四　百済王仇首（〜二三四／罽須《けいす》・神武）在位。一族を二分して（東）扶余（帯方郡伯済

国）と伊都国（唐津・博多）を支配し、自らは一大率となって九州の諸王を統括した（国史はこれを「神武大和に建国」と記す）。

（注）『百済本紀』は仇首から近肖古《きんしょうこ》までの一三二年間に、この時代に並存した邪馬壱《やまい》国（邪馬台国）と狗奴《くぬ》国の両王家をタテツナギにして当てはめたから、各始祖王の在位は合計して二倍になったことになる（だから紀年が合わない）。
『高句麗本紀』では、「罽須《けいす》（神武）が公孫氏を滅ぼした」となっており、神武は公孫氏の娘アヒラツ姫（難升米《なしめ》）を娶り、公孫氏と同盟して北夫餘孝昭系王族のニギハヤヒ及び孝安（天日矛《あめのひぼこ》・古爾《こじ》）の領土に侵入して戦った。この戦いに神武が勝利し、ニギハヤヒの王女ヒメタタライスズ（卑弥呼）を娶ることとなった。
『倭人興亡史』第一七章に、「神祖はハナアワ（阿波）氏と同盟した」とあるが、これは饒速日命《にぎはやひのみこと》王家を隠したためである。

二二〇 曹操《そうそう》の死、曹丕《そうひ》が皇帝となり魏朝を建てる。後漢の滅亡、三国時代の始まり。

二二一 遼東侯・公孫恭《きょう》（〜二二八／建御名方命《たけみなかた》）在位。

二二六 ササン朝ペルシア建国。

二二八 遼東侯・公孫淵《えん》（〜二三八）在位。

二三四 仇首（神武）死す。再び倭の大乱が起こるが、伊都国（博多）、多婆羅国（熊本）、安羅国（日向）の諸王が諮って邪馬壱《やまい》国（邪馬台国）を建国し、神武妃卑弥呼《ひみこ》（〜二四八）を共立して女王に推戴した。
孝安（〜二八六／天日矛・古爾・安日彦《あびひこ》）在位。

二三六　高句麗、呉王孫権の使者を殺し、魏に送る。
二三八　魏の司馬懿《い》が公孫淵を滅ぼす。公孫氏投馬《とうま》国（薩摩・日向）に亡命する。
二三九　魏、卑弥呼を親魏倭王《しんぎわおう》とする。邪馬壱《やまい》国（邪馬台国）の都は日向・西都原《さいとばる》（宮崎県西都市）にあった。
（注）『魏志』倭人伝によって知られる三世紀築造の卑弥呼の徑百歩「箸墓円墳」も西都原古墳群（一〇〇〇基以上）の中に存在するが、現在は五世紀築造の「前方後円墳」のように改造されて、宮内庁の役人が管理している。
二四三　卑弥呼再び魏に朝貢。
二四四　魏の幽州刺史毌丘倹《かんきゅうけん》が高句麗を侵し、丸都城を攻略する。
二四五　毌丘倹が再び高句麗を侵略し、楽浪・帯方両郡が濊を侵す。
二四六　魏、濊貊《かいはく》を侵略す。韓の那奚《なけい》ら数十国が魏へ朝貢する。
二四八　邪馬壱国（邪馬台国）女王卑弥呼死す。卑弥呼（ヒメタタライスズ）と季父《きふ》（神武とその先妻アヒラツヒメの間の子タギシミミ）の宗女・壱与《いよ》が即位する。
二四九　司馬懿仲達《いちゅうたつ》、魏の実権を握る。
二六一　韓・濊貊《かいはく》、魏に朝貢。
二六三　魏、蜀を滅ぼす。
二六六　邪馬壱国（邪馬台国）・倭国（安羅《あら》国）女王壱与《いよ》、晋に朝貢。
二七七　馬韓・辰韓ら、晋に朝貢（～二九〇）。
二八〇　晋、呉《ご》を滅ぼし、天下（中国）を統一する。

二八五　慕容廆《ぼようかい》、（東）扶余を侵し、扶余王依慮《いろ》（懿徳）自殺する。東扶余は神武の分国で、ヒメタタライスズとの間の次子綏靖《すいぜい》が王統を継ぎ、安寧《あんねい》→懿徳《いとく》と続いていたが、このあと、依慮《いろ》の子・依羅《いり》が逃れて倭王崇神《すじん》となる。

二八六　『出石郡《いずしぐん》故事記』孝安五三年の条に、「天日矛《あめのひぼこ》（孝安・安日彦）来り、多遅麻《たじま》国出島に定住した」とある。

（注）扶余王家が但馬を領したのは崇神以降だから、これは孝安（天日矛）が熊本の多羅国に入ったと解される。タバラはタバル坂の名に残っているが、タジマと記された。『百済本紀』は、孝安の末年を「二八六年」とすることから、天日矛の「二八六年熊本へ移動」と符節が合う。

二八六　孝霊《こうれい》（〜二九八／責稽《せっけい》実は駕洛《から》王）在位。責稽は帯方と同盟し、高句麗と戦うが、末年に百済に討たれた。

（注）『百済本紀』によれば、「責稽王は帯方王女宝菓を娶り、帯方を援けて高句麗と戦うが、濊貊《かいはく》（百済）の軍に討たれた」とある。『倭人興亡史』第四〇章に、「倭大王・宗女壱与が民を率いて対馬へ移動し、任那《みまな》（祭祀センター）を建てた」とあるのは、この頃のこと。

二八九　慕容廆《ぼようかい》、晋に降る。

二九三　慕容廆、高句麗を侵す。

二九四　慕容廆、大棘城《だいきょくじょう》に拠る。

二九八　孝元（〜三四〇／駕洛王汾西《ふんせい》）在位。

三〇〇　高句麗国相・倉助利《くらじょり》、王を廃し美川王乙弗《おとふつ》を立てる。
三一一　高句麗、晋の西安平（北京周辺）を奪う。
三一三　高句麗、楽浪郡を滅ぼす。
三一四　高句麗、帯方郡を滅ぼす。
三一五　高句麗、玄菟城を攻め破る。
三一六　西晋滅び、中国は五胡一六国（〜四三九）時代となる。
三三五　高句麗、国北に新城を築く。
三三六　慕容皝《こう》、慕容仁《じん》を討滅。仁の家臣佟寿《とうじゅ》ら高句麗に逃れる。
三三七　慕容皝、燕王（前燕）を称す。
三三八　慕容皝、趙を討つ。趙の宋仁ら高句麗に逃れる。
三三九　慕容皝、高句麗を討ち、丸都を荒掠して美川王の墓をあばく。
三四〇　懿徳《いとく》（〜三四四／比流《ひる》）在位。
三四四　開化（〜三四六／契）在位。
三四六　燕王慕容皝《ぼようこう》、東扶余を侵す。
　　　崇神《すじん》（〜三七五／近肖古）在位。邪馬壱国《やまい》（邪馬台国）と狗奴国《くぬ》を合併して百済《くだら》を建国。
　　　（注）『百済本紀』に、「百済近肖古王（依羅《いり》）立つ」とある。これは依羅《いり》の亡命のことである。
三七五　垂仁《すいにん》（〜三八五／近仇首）在位。彦坐王《ひこざおう》の次子サホヒコ（金末仇）が、垂仁妃サホヒメ（末仇の妹）とともに反乱し、討たれる。そのあと、サホヒコの子金奈勿《きんなこつ》（三五六〜四〇二）が高句麗の支持を得て新羅《しらぎ》を建国する。

ヨーロッパでは、フン族（蒙古系匈奴）の活躍に刺激されて、ゲルマン民族の大移動が始まる。

三八五　景行（〜三九二／辰斯《しんし》）在位。その末年に新羅を攻撃し、高句麗の広開土王に殺される。

四〇五　仲哀《ちゅうあい》（〜四二〇／腆支《てんし》）、神功《じんぐう》（八須《やす》夫人）とともに新羅と戦い、討たれる。

四二〇　応神《おうじん》（〜四二七／久爾辛《くにしん》）久爾辛は馬韓（卑彌国《ひみこく》）の王・武内宿禰の子である（『桓檀《かんだん》彙記《いき》』）。

四二一　仁徳《にんとく》（〜四三八／駕洛七代吹希《ふき》王妃）即位。王妃は応神の娘・仁徳（『遺事』）。応神（久爾辛）の王女仁徳が、駕洛《から》七代吹希《ふき》王（倭王珍・蘇我満智《そがまんち》）の妃となって倭王讃《さん》と称す。倭王讃（女帝）、宋に入貢（『宋書』）。

四三〇　倭王及び百済王毗《ひ》、宋に入貢（『宋書』）。

四三八　倭王讃（女帝）死し、弟珍《ちん》立つ（『宋書』）。

四四三　倭国王済《せい》、宋に修貢（『宋書』）。

四五一　倭国王済《せい》、再び宋に入貢、加授さる（『宋書』）。駕洛《から》八代銍知《ちっち》王即位（『遺事』）。

四六〇　倭王済死し、世子興《こう》、宋に修貢（『宋書』）。

四七六　西ローマ帝国滅ぶ。

四七七　倭王興《こう》死し、弟武《ぶ》立つ（『宋書』）。

四九二　駕洛《から》九代鉗知《かんち》王即位（『遺事』）。

五二一　駕洛一〇代仇衡《きゅうこう》王即位（『遺事』）。

五三二　駕洛（金官加羅）、新羅と安羅の挟撃によって滅ぶ。

（注）『書紀』はこのことを「新羅、任那《みまな》官家を打ち滅ぼす。一本に曰く、二十一年に任那亡ぶという。すべては任那《みまな》と云い、わけては加羅国、安羅国、斯二岐《しにき》国、多羅国、卒麻国、古嵯《こさ》国、子他国、散半大国、乞飡《こさん》国、稔礼国《にれこく》という。合わせて十国なり」と述べる。

このうち加羅国が駕洛《から》（金官加羅）で、安羅国が邪馬壱《やまい》国（邪馬台国）であり、倭の大王というのは当時、九州と朝鮮半島南部にあった倭人系諸国から共立された大王であった。その大王が住む任那官家が直轄地の対馬《つしま》にあったのである。

こうして駕洛《から》（金官加羅）が滅んで王家が新羅《しらぎ》に投降したため、再び安羅《あら》（邪馬台国）王家から倭の大王が共立されて、安羅王（大物主命→卑弥呼→壱与の子孫）であった大伴室屋《おおともむろや》の子・継体《けいたい》（大伴談《だん》）が豊前《ぶぜん》（宇佐）または太宰府《だざいふ》から迎えられて大王となった。

続いて談の子・安閑《あんかん》（安・大伴金村）→金村の弟・宣下《せんげ》（大伴歌）が大王（天皇）となり、金村の子・磐《いわ》が磐井君《いわいのきみ》→島養《しまかい》（馬飼）→馬来田《まきた》とつづいた。

『書紀』が「継体を越前から迎えた」と記すのは、「豊前から迎えた」ことであり、世にいう「磐井の反乱」とは金村の長男磐《いわ》が慶州付近で（このときは新羅と連合して）高句麗と勇敢に戦い戦死したことの書き換えであった。従って「磐井の反乱」はなく、実は「磐井の遺跡」なるものは、五六二年、新羅によって破壊された跡なのである。

この関係をはっきり認識しないと、この時代の歴史は夢まぼろしになってしまう。

五四七　高句麗南下し、百済は倭国（安羅）の援兵を要請する。

五六二　『書紀』は、「一月、任那の日本府が新羅に滅ぼされる」と記しているが、任那日本府の所在を明示していない。

（注）実際には、当時、邪馬壱国《やまい》（邪馬台国）の祭祀センターを対馬国尾城《くにお》に築き、任《みま》那《な》と称していた。さらに慶尚南道の咸安《かんあん》（晋州《シンジュ》付近）にも安羅の飛び地をつくり、倭国の支配地としていた。おそらくこのとき、安羅（倭国）が新興国新羅に滅ぼされた真相を隠すため、『書紀』のユダヤ人修史官（秦氏）は「任那の日本府が云々」と表現したのであろう。

五八七　『書紀』は、「七月、蘇我馬子、物部守屋を滅ぼす」と記す。

（注）ニギハヤヒ系物部弓削《ゆげ》守屋の先祖はユダヤ士師《しし》族につながる杖刀人《じょうとうじん》の祭祀族＝レビ族であったから、檀君教→鬼道→神道とつづいた「神道の守護者」に比定された。また、のちの「入鹿殺し」のモデルが新羅の「吡曇《ひどん》の乱」であることは、遡ってその先祖の日本史の孝元天皇が実は駕洛《から》初代の首露《しゅろ》王だったことを示している。この首露王の王妃がインド・コーサラ国の黄玉《こうぎょく》姫（BC五〇〇／釈迦を生んだシャキイ族）で、その子孫が金官加羅を経て新羅になったという経緯《いきさつ》を考

慮し、その王族蘇我氏（金氏）を「仏教の守護者」に仕立て上げた。そして、この両豪族が日本列島で「宗教戦争」を繰り広げたという歴史を創作した。だが、両家の「宗教戦争」というのは一種の擬態であって、実際には朝鮮南部における新羅と百済の抗争をこのような形で表現したものであった。

たとえば、用明のときに物部守屋が殺されたとなっているのは、「新羅の真興王のときに百済の聖明王（のちの用明）が殺された」となっていたのを、道鏡のとき、用明のモデルを新羅の真興王から百済の聖明王に変えたために、この王代の「守屋（聖明王）殺し」が、結局、「用明（聖明王）のもとで守屋（用明・聖明王）が殺された」ことになった。つまり「自分が自分に殺される」という、漫画かSFのようなオチになったのである。

五九三　『書紀』は「四月、厩戸皇子《うまやどのおうじ》が皇太子となり聖徳太子として推古《すいこ》女帝の摂政となる」と記している。

（注）厩戸皇子《うまやどのおうじ》という名前はイエス・キリストの誕生説話にヒントを得てつくられたもので、『書紀』の修史官・亡命ユダヤ人らしい発想であった。このあと『隋書』には、「文帝開王二〇年（六〇〇）、倭王阿毎多利思比孤《あめたりしひこ》（実は安羅《あら》王＝邪馬壹国《やまい》（邪馬台国）王・大伴望太《おおともぼうた》）が隋に遣使した」とある。また「百済本紀」には、「六〇八年、隋使裴世清《はいせいせい》が百済の南路を追って倭国に行く」とあって、このときの文《ぶん》林郎《りんろう》・裴世清《はいせいせい》の「倭国訪問記」が『隋書』倭国伝にも詳しく載っている。『書紀』では、この中国史料との整合性のため、このときのアメタリシヒコが聖

徳太子であったとする工夫がなされた。まず新羅真平王《しんへいおう》の夫人金摩耶《きんまや》を推古《すいこ》とし、タリシヒコに比定した聖徳太子を摂政とする『養老紀』がつくられた。つまり新羅女帝（総督）の下で、その占領下の百済王が摂政を務めたという発想で、七二〇年の舎人《とねり》親王版『日本紀』の種本らしくした。のちにこれらが、天平宝字年間（七六〇年頃）、仲麻呂によって推古が敏達《びたつ》妃に変えられ、さらに道鏡によって百済二八代恵王《けいおう》妃に変えられて、百済二七代威徳王昌《しょう》を聖徳太子に比定する改竄がなされたのである。

六二二　『書紀』は、「二月、聖徳太子斑鳩宮《いかるがのみや》に没し、磯長陵《いそながりょう》に葬る」と記す。この斑鳩宮はおそらく百済の地名であり、奈良の斑鳩宮は後世の付会であろう。

六四五　『書紀』は、「六月、『入鹿殺し』によって蘇我氏滅亡」と記し、つづいて、「六四六年正月、大化改新の詔が出された」と述べる。

（注）これらの出来事すべてが、新羅で起こった「毗曇《ひどん》の乱」のほぼ忠実な翻訳であった。これについて『新羅史』は、「六四七年六月、新羅の善徳王（六三二～六四七）がシャーマン的な女王であったため、新羅の部族会議に源を持つ全員一致の合議政体であった和白《わはく》の筆頭・伊飡《いさん》毗曇《ひどん》は、唐にそそのかされ、『女王では外交も国事もなしえない』と主張して、廉宗《れんそう》と共謀して王位を狙い反乱を起こした。王子金春秋（新羅二九代太宗武烈王／六五四～六六一）は、義弟金庾信《きんゆしん》（金官加羅末王金仇亥《きんきゅうがい》の曾孫）と協力してその反乱軍を破り、首謀者の上大等《じょうだいとう》毗曇《ひどん》ほかを誅殺《ちゅうさつ》した」と記す。世にこれを「毗曇の乱」という。

同じ事件を『書紀』は、「六四五年六月、皇極《こうぎょく》天皇（六四二〜六四五／女帝）の皇位を大臣の蘇我入鹿《そがのいるか》が狙っているのを知った皇太子の中大兄皇子《なかのおおえのおうじ》と重臣の中《なか》臣鎌足《とみのかまたり》が入鹿を誅《ちゅう》した」と記している。

両国の事件が二年違いになっているのは、双方の「紀年法」の違いによるものであって、両国の記録は（同じ年に）同じ内容の事件が起こったことを物語っている。即ち、「入鹿殺し」の舞台は朝鮮であって、決して日本で起きた事件ではなく、「吡曇《ひどん》の乱」の翻案であった。その直後に出されたという「大化改新」詔による律令制《りつりょうせい》の制定も、すべてが新羅の歴史だったのである。日本における律令制の施行は、これより五五年後の（藤原仲麻呂による）大宝律令《たいほうりつりょう》完成（七〇一）以後のことであった。

これについて、鹿島は「大宝律令」にも疑いをいだき、「『近江令』も『大宝律令』も存在せず、仲麻呂が自ら『養老律令』をつくって、七一八年、自ら施行したというのが真相ではないか」と主張している。

六六三　八月、白村江《はくすきのえ》（忠清南道扶余の白馬江伎伐浦《ぎばつぽ》）の戦いで、倭・百済の連合軍が唐・新羅の連合軍に敗れる（太平洋戦争のミッドウェー沖敗戦に匹敵する）。

六六五　五月、唐の鎮将・劉仁軌の占領軍使節が倭国にやって来た。

（注）『書紀』の記す「白村江で敗れた後、防人《さきもり》（守備兵）、烽火《のろし》を対馬・壱岐・筑紫に置き、水城《みずき》（船かくし）を築いた」というのは、従来の学者たちが言うように「大和朝廷が唐・新羅の進攻に備えて築いた」ものではなく、九州に進駐した唐・新

羅の占領軍が、万一の倭人反乱に備えるため、亡命百済人の捕虜たちと列島諸国の倭王たちに命じて動員させた使役人民を駆使して築いた唐・新羅占領軍の駐留施設だった。ちょうど太平洋戦争後、アメリカ軍に占領された日本が、各地の空港、軍港、GHQなどの米軍施設を提供させられたようなものである。

当時築かれたであろう応神陵や仁徳陵を凌ぐほどの規模の朝鮮式山城《やましろ》遺跡は、西日本各地に二一ヶ所も現存しているが、学者たちはいまだに「神籠石《こうごいし》遺跡」などと称して、その実体に迫るような学説の発表を抑えたり隠したりしている。

六六八　新羅は唐とともに漢城（平壌《ピョンヤン》）を陥《おと》して、高句麗を滅亡させた。

六六九　中臣鎌足、藤原姓を賜り、死去。（五六歳）。

（注）奈良時代の「紀年法」で二年違いに記す方法があるので、鎌足が死んだのは実際には六七一年。天武元年（六七三）の条に「郭務悰に天智の喪を告げ、物を賜うて帰国させた」とあるが、『善隣国宝記』では「郭務悰は大津館に安置された」とあって、学者の坂本太郎はこの「大津」は博多の大津であろうとしている。つまり、鎌足は死んだのではなく、唐《とう》務悰が一時的に新羅に抑留されたことの書き換えであり、やがて郭《かく》務悰として復活するというトリックだったのである（後述）。

六七〇　六月、新羅は唐と対立するようになり、新羅花郎《かろう》（インド伝来の傭兵軍団）の源花《げんか》長官金庾《ゆ》信《しん》をはじめ地方豪族の活躍もあって、これを破るほどの勢いになった。

六七二　『書紀』は「六月、壬申の乱起こり、大海人《おおあま》皇子が大友皇子を近江に滅ぼす」と記す。

大海人皇子とは、新羅三〇代文武王（六六一～六八一）のことで、大友皇子は白村《はくすきの》江《え》で敗れて平壌に逃亡した百済王豊璋《ほうしょう》の弟・隆《りゅう》のことである。

（注）唐の高宗から朝鮮派遣軍の全権を委任されていた鎮将・劉仁軌《りゅうじんき》は、白村江の決戦で勝利したのち、旧百済国の行政府を扶余《ふよ》邑から熊津《ゆうしん》（いまの公州）へ移し、百済王隆《りゅう》を熊津都督として行政を委任した（これを『書紀』は、「近江大津宮へ遷都」と記した）。

また、百済禰軍《ねぐん》の将軍であった郭務悰《かくむそう》を説得して唐の倭国鎮将に任命し、占領軍司令官・唐務悰として倭国（のちの日本）へ赴任させた。

劉仁軌は、新羅、百済、耽羅《トラ》（済州島）、倭人（大石ら）の四国の使節を率い、渡海して山東省へ帰り、泰山《たいざん》で戦勝式を行うと、首都長安で高宗に凱旋報告を行った。ところが、劉仁軌が各地を転戦している間に、新羅文武王（金春秋の子・金法敏）は王子金霜林《きんそうりん》（のちの高市皇子《たけちのみこ》）に命じて旧百済軍を急襲し、熊津の松山城を陥落させた。そのため百済は完全に滅亡し、百済王族を始めとする武士団や軍属たちは、雪崩を打って倭国（九州）へ亡命した。

――これが世にいう「壬申の乱」の真相である。

『書紀』のいう天智天皇（新羅二九代武烈王・金春秋がモデル）と大海人皇子（金春秋の子・金法敏がモデル）の確執物語や、近江朝廷（大津宮）の大友皇子が「壬申の乱」で敗れて山中で首を吊ったという悲話など、すべてが忠清南道錦江《クンガン》の淡《たん》海府《かいふ》「熊津都督府《ゆうしんととくふ》」滅亡の物語（の翻案版）だったのである。

劉仁軌は怒って急使を派遣し、文書で新羅の盟約違反に厳重抗議したが、唐が朝鮮への出兵を諦めたため、朝鮮では「統一新羅」が誕生し、新興の新羅帝国は遼東から日本列島に至る広大な地域を支配することになった。

六七三　一一月、新羅は本国の慶州に抑留していた唐務悰を洗脳し、改めて郭務悰《かくむそう》として倭国へ赴任させた。そして、それまで新羅の占領軍司令官であった源花長官の金庾信《きんゆしん》を帰任させて、その代役とした。

(注)『書紀』天智一〇年(六七一)の条は、「一一月に唐の使人郭務悰らが船四七隻に乗ってやって来た。このとき『大勢で行くと倭の防人が驚いて抗戦するかもしれないから、あらかじめ使いをだしておこう』などと相談をした」と述べている(正しくは六七三年一一月のこと)。

六九四　一二月、藤原宮へ遷都。このとき、倭国と秦王国を合併して「日本国」とした。新日本国の行政府・藤原宮へ、藤原鎌足の子・不比等《ふひと》が修史官として任官。

(注1)この不比等とその養女宮子の家系が「藤氏《とうし》(唐氏)家伝《かでん》」の藤原氏《ふじわらし》となる。

長男・武智麻呂《むちまろ》　(六八一〜七三七)は藤原南家を立てる。

次男・房《ふさ》前《さき》　(六八一〜七三七)は実は、鎌足と(讃岐志度浦の)海女《あま》の子であるが、不比等の養子となって藤原北家を立てた。

長女・長娥子《ながこ》　(六八二〜?)は新羅系長屋王の妃となった。

三男・宇《うま》合《かい》　(六八八〜七三七)は藤原式家を立てる。

四男・麻《ま》　呂《ろ》（六九四～七三七）は藤原京家を立てる。
次女・安宿媛《あたかひめ》（光明子）（六九四～七六〇）は七歳年下の聖武天皇の皇后（光明
皇后）となった。
三女・吉日姫《きちびひめ》（六九六～？）は橘　諸兄《たちばなもろえ》（葛城王）の妻。
四女・殿刀自《とのとじ》（六九九～？）は大伴古慈斐《おおともこじひ》の妻。
（注2）鎌足の奏請による天武天皇の勅許を得て、不比等の嫡子となった房前《ふささき》が北家を立てていた。七三七年房前が天然痘で亡くなると、三男真楯《またて》が跡を継ぎ内麻呂→冬《ふゆ》嗣《つぐ》と続いていたが、八五八年一一月、八歳の清和天皇が即位すると、冬嗣の子・良房が摂政となった。
これが人臣摂政の始まりで、良房→基経→忠平→実朝→伊尹→兼通→朝忠→兼家→道隆→道兼→道長→朝道→教通→師実→師通→忠実→忠通（関白）となり、つぎの基通は近衛《このえ》家となったが摂関政治はなおも続けられて、その流れは現代まで続いている。

六九七　八月、軽皇子《かるのおうじ》一七歳で即位して文武天皇（六八一～七〇七）となる。即位と同時に、藤原不比等の養女宮子を入内《じゅだい》させた。
七〇一　宮子、首《おびと》皇子を出産。
七〇七　『書紀』には、「七月、阿閉《あべ》皇女が元明天皇として即位」とあるが、その事実はない。
また舎人《とねり》親王が即位したという説もあるが、その事実もない。
（注）舎人親王が知太政官事（日本総督）として実権を持つことはあっても、即位せず、

実際には一七年間（七〇七〜七二四の間）〝空位時代〟であった。

七一四　六月、首皇子《おびと》が立太子した。

同じ頃、姉の光明子は、三歳年上のウガヤ王朝系百済王敬福《くだらのこにしききょうふく》と結ばれた。

（注）百済三一代義慈王《ぎじ》(在位六四一〜六六〇／舒明《じょめい》天皇のモデル)のとき、王子豊璋《ほうしょう》と善光は倭国に遣わされて入侍《にゅうじ》していた。六六〇年一〇月、義慈王らが敗れて唐に降り、長安へ連行されると、臣下の佐平福信が百済復興軍を組織して、豊璋を迎えて王とし、のち豊璋らが白村江《はくすきのえ》の戦いに敗れて高句麗（平壌）へ逃亡したときも、善光はひとり九州にとどまり、本国へ帰らなかった。

六八七年頃、善光（禅広）は号を賜り、百済王氏《くだらのこにしきうじ》と称した。善光の子・昌成《しょうせい》が早死にしたのち、その夫人が昌成の弟と再婚して生んだ子に良虞（郎虞《ろうぐ》）がいて、「奈良朝廷の従四位下、大学守《だいがくのかみ》・摂津亮《せっつのすけ》で、禅広の孫」といわれていた。のちに道鏡によって創られた天智天皇の孫という「施基《しき》皇子」のモデルは、この郎虞のことであった。

郎虞《ろうぐ》の三男が敬福《きょうふく》（六九一〜七六六）で、ウガヤ王朝系物部弓削《もののべゆげ》守屋の子孫であったが、一族が陸奥守を歴任して培《つちか》った武力を背景にして光明皇后に取り入り、結ばれると、やがて大仏建立の際に陸奥国から塗金用の黄金を献上して一躍名を挙げた。

七二四　二月、首皇子が即位して聖武天皇（七〇一〜七五六）となる。

七二九　二月、左大臣長屋王、謀叛の密告により自決（五四歳）。

七三〇　三月、天平と改元。光明子（姉）、聖武（弟）の皇后となる（光明皇后）。
　　　　四月、光明皇后宮職に施薬院を置く。
七三五　一一月、知太政官事（新羅の総督）舎人親王没す（六〇歳）。崇道盡敬皇帝と諡《おくりな》す。
七三六　一一月、葛城王が橘の姓を賜る（橘諸兄《もろえ》）。
　　　　光明皇后と百済王敬福の長女阿倍内親王（＝高野姫一九歳）が道鏡（敬福の四男一八歳）と恋愛して引き離されたが、翌年、山部親王（のちの桓武天皇）が生まれた。
七三七　天然痘が流行し、藤原四家の当主が相次いで死亡した（武智麻呂五八歳・房前五七歳・宇合四四歳・麻呂四三歳）。
七三八　一月、橘諸兄、右大臣として政務を任される。
七四〇　三月～一〇月、藤原式家の長男広嗣《ひろつぐ》が、僧玄昉と吉備真備《きびのまきび》の排除を求めて挙兵した。
　　　　一二月、恭仁京へ遷都。
　　　　（注）光明皇后ら「王朝の腐敗」に対する「式家」広嗣《ひろつぐ》のクーデターは事前の根回しが足らずに失敗したが、乱の後広嗣は死んでおらず、おそらく彼の性格からして南方（ジャワ?）へ雄飛して行ったと考えられる。
七四一　三月、国分寺、国分尼寺建立の詔。
七四三　一〇月、大仏造立の詔。
七四五　一一月、僧玄昉を筑紫に左遷、翌年六月、死亡。
七四九　七月、光明皇后の長女阿倍内親王が即位して孝謙天皇となる。
　　　　九月、光明皇太后のための紫微中台《しびちゅうだい》が設けられる。

（注）紫微令《しびれい》に藤原仲麻呂を任命し、中台官員の定員・官位を制定して、光明皇太后が事実上の政権を掌握した。この頃、仲麻呂（七〇六～七六四）が光明皇太后の相談役となり、やがて娘の孝謙天皇の愛人にもなって権力者となった。

七五二　四月、各国からの客人を集めて、東大寺大仏開眼供養会が盛大に行われた。

新羅王子金泰廉が偵察目的で入朝する。

七五四　一月、唐僧鑑真が律宗を伝えた。

七月、皇太后宮子崩ず（九一歳）。

七五六　五月、聖武上皇崩ず（五六歳）。その遺言によって道祖《ふなど》王を皇太子とする。

（注）これは新羅側の命令であって、吉備真備らが唐津に怡土城《いとじょう》を築いたのも、新羅迎賓館とするためだったと思われる。

七五七　五月、藤原仲麻呂が日本独自の「養老令」をつくって全国に施行させた。

七月、橘奈良麻呂の乱が起こった。

（注）この事件は、親新羅派の皇族が光明皇后政権に対するクーデタを計画していたのを、橘奈良麻呂のスパイ活動によって露見させたもので、百済王敬福（六六歳）、仲麻呂、大炊《おおい》の兄船王らは、新羅系の黄文王、道祖《ふなど》王、大伴古麻呂、多治比牡養《うしかい》、小野東人、賀茂角足《かものかくたり》らを捕えて拷問し、杖で打ち殺し、あるいは死刑、流刑に処した。その数は四四三人に上ったという。

こうして在日新羅系の勢力は一掃され、光明皇太后と孝謙女帝の政権は安泰の度を増し、ますます日本独立路線を明確にしていった。

七五八　八月、藤原仲麻呂の田村第《たむらだい》にいた皇太子の大炊王が淳仁《じゅんにん》天皇として即位した。孝謙女帝は上皇となる。藤原仲麻呂、恵美押勝《えみおしかつ》の姓を賜る。
七五九　九月、新羅征討のため、諸国に船五〇〇隻を造らす。唐の朝廷から仲麻呂政権応援のため、新兵器が送られた。
七六〇　一月、恵美押勝、大師となる。
　　　　六月、光明皇太后崩ず（国史には六一歳とあるが、六六歳が正しい）。
七六一　一〇月、孝謙上皇が病気治療と保養のため近江保良宮《ほらのみや》に行幸した。
　　　　『書紀』に、「このとき、道鏡が孝謙上皇に接近した」とある。
　　　　（注）このとき、高僧として修行を積んだ道鏡が招かれ、保良宮へ参内して治療を施すうちに、二五年ぶりに再会した二人の仲は一挙に燃え上がり、焼けボックイに火がついた。
　　　　上皇が内親王の頃、若い道鏡との間に山部親王を儲けていることを知らない世間の人々は不思議がり、怪僧道鏡が巨根で女帝を誑《たぶら》かしたと評したのであろう。事の重大さを察知した恵美押勝（仲麻呂）も、こうなれば打つ手がなかった。
七六二　仲麻呂への愛情が冷めた上皇と、淳仁《じゅんにん》天皇の不和説が囁かれる中で、上皇は平城京に還幸し「大事親決（大事なことは私が決める）」の詔を発令した。
七六四　九月、恵美押勝謀叛を起こし、近江の砂洲で誅《ちゅう》される（五九歳）。このとき、山部親王（二八歳）は白壁王（五六歳／のちの光仁天皇）とともに、陸奥守の兵力を動員して仲麻呂の反乱を鎮圧した。

一〇月、上皇は天皇を廃し、重祚《ちょうそ》して称徳天皇となる。同時に淳仁天皇を淡路へ流し、「淡路廃帝」とする。

七六六　百済王敬福崩ず（「薨伝《こうでん》」には六九歳とあるが、実は七六歳）。

一〇月、道鏡が法王となる。

七六七　三月、法王宮職を置く。これより道鏡系天皇家は「南朝革命（百済政権復活）」のため、秦氏の協力を得てさかんに『日本紀』の改竄を始めた。

七七〇　八月、称徳天皇崩ず（五三歳）。道鏡を下野薬師寺別当におとす。

『書紀』は「一〇月、白壁王即位、改元」と記す。

（注）これより先、百済王敬福と光明皇后の間に三人の内親王が儲けられ、長女は阿倍内親王（高野姫）＝称徳天皇となり、次女和新笠《やまとしんかさ》の表向きの子が他戸《おさど》親王であった。さらに三女井上内親王は白壁王の王妃となっていたが、実はこのとき、井上が即位して井上天皇となり、他戸親王を皇太子とした。即ち白壁王は後見役となった。

七七二　四月、道鏡死す（五四歳）。下野薬師寺に墓がある。

七七三　一月、山部親王立太子（三六歳）。藤原百川《ももかわ》ら活躍。

（注）藤原式家の四男雄田麻呂《おだまろ》（広嗣《ひろつぐ》の弟・百川《ももかわ》）らの活躍により、白壁王をむりやり納得させて、山部親王が立太子したため、先の他戸《おさど》親王と併せて二人の皇太子が並立することとなった。即ち、孝謙天皇（高野姫）をめぐる仲麻呂と、道鏡の確執が発展して、仲麻呂の子・刷雄らの「南家」と、道鏡の子・山部を擁立する百《もも》

川《かわ》らの「式家」との対立となり、これがやがて奈良時代末期の「南北朝の対立」となった。

七七五　四月、井上天皇（五二歳）と他戸《おさど》皇太子が崩御。藤原氏の内紛（南家と式家の対立）に巻き込まれて暗殺されたと思われる。
一〇月、白壁王が即位して光仁天皇となる。

七七九　七月、藤原百川《ももかわ》没す（四八歳）。
（注）『帝王編年記』に、「百川頓死」とあるから、暗殺されたものか。『東国通鑑』によれば、「このとき、新羅使節金巌《きんいわお》が来日し、翌七八〇年、東北の伊治呰麻呂《いじしまろ》が反乱して藤原種継《たねつぐ》（南家）征東大使となるも出征せず」とあり、新羅王子金巌《きんいわお》こそ東北反乱の首謀者であり、百川《ももかわ》の暗殺も彼の差し金だったと考えられる。

七八一　『書紀』には、「一月、光仁譲位し、桓武即位して天応と改元する」とある。
一二月、光仁天皇（上皇）崩ず（七三歳）。
（注）国史では、山部皇太子が即位して桓武天皇となり、皇弟早良《さわら》親王が立太子したようになっているが、実はこのとき、道鏡系の山部は桓武天皇として「南朝」を立て、文鏡（光仁）系に擁立された早良親王（文鏡＝白壁王と井上の子）は、早良天皇として「北朝」を立てたと考えられる。即ち、日本における南北朝対立抗争（藤原氏の内ゲバ）の本格化であった。

七八四　一一月、長岡京に遷都（実は早くからの北朝京であったか？）。

七八五　九月、藤原種継（南家の統領）が暗殺されて北朝側が敗れ、早良《さわら》天皇は廃されて淡路へ流される途中で没した（死後崇道《すどう》天皇と諡《おくりな》された）。

七八八　僧最澄《さいちょう》が比叡山寺（のちの延暦寺一乗止観院）を創立。

七八九　六月、蝦夷《えぞ》（荒吐《あらと》五王の水軍）を征伐する官軍が敗れ、再軍備に取りかかる。

七九一　七月、大伴弟麻呂《おおともおとまろ》と坂上田村麻呂《さかのうえたむらまろ》が征夷大使と副使に任命された。百済王俊哲《しゅんてつ》が鎮守府将軍となり、征討の軍士一〇万人を徴集する。

七九二　これより七九五年までの四年間の『続《しょく》日本紀』が欠落している。
（注）これは、南北二王朝が並存していた（内ゲバの）史実を隠すため、桓武天皇が焚書させたためである。北畠親房《きたばたけちかふさ》の『神皇正統記《じんのうしょうとうき》』にもそのことが明記されている。

七九四　一〇月、秦氏の努力によって平安京（京都）に遷都し、南朝政権がようやく安定し始めたが、延暦《えんりゃく》年間の南北朝の対立は長く尾を引くこととなった。
（注）このような藤原氏（ユダヤ系とウガヤ系を足して二で割ったような勢力）の内紛が伝わって、新羅系東日流《つがる》水軍が巻き返しをはかる呼び水となり、藤原南家系・新羅花郎系・旧駕洛《から》系などが同盟し北朝勢力となって戦乱が再発した。

八〇一　九月、坂上田村麻呂が蝦夷（荒吐五王《あらとごおう》）の乱を平定。

八〇二　一月、坂上田村麻呂が胆沢城《いさわじょう》を築き、鎮守府を移して東国の俘囚四〇〇〇人を配置。
五月、富士山噴火。足柄路を廃し、箱根路を開く。

八〇三　三月、防衛のため志波城を築く。
五月、足利路を復旧する。

八〇四　一月、坂上田村麻呂を征夷大将軍に再任する（荒吐五王の再乱）。

八〇五　三月、遣唐使・藤原葛野麻呂らが出発（翌年七月に帰国）。
　　　　八月、僧最澄帰朝し、天台宗を伝える。
八〇六　三月、桓武天皇崩ず（七〇歳）。
　　　　五月、安殿《あんでん》皇太子即位して平城《へいせい》天皇（在位八〇六〜八〇九）となる。
八〇九　皇太弟即位して嵯峨天皇（在位八〇九〜八二三）となる。
八一〇　九月、薬子の乱。平城上皇剃髪（出家）。藤原仲成射殺。薬子自殺。高岳《たかおか》皇太子廃止。
　　　　皇弟大伴《おおとも》親王立太子。

（注）『日本後記』弘仁元年（八一〇）九月一〇日の条は、次のように記している。「使いを遣わして柏原陵（桓武陵）に告げしめて曰く、これにより、薬子《くすこ》は官位を解きて宮中より退け給い、仲成は佐渡国の権守《ごんのかみ》に退け給いつ。また『続日本紀《しょくにほんぎ》』に載する所の崇道天皇と贈太政大臣藤原朝臣（種継）との好からぬ事を、皆ことごとく破りすて給いにき。しかるに人ごとにより破りすてし事をもとの如く成しぬ。これもまた礼なきことなり。今、前の如く改め正せる様を、参議正四位下藤原朝臣緒嗣《おつぐ》（式家）を差して畏《かしこ》み畏《かしこ》み申し給はくと奏す」。

この記録は、宮廷内のテロによって情勢が二転三転したことを表している。即ち、

①桓武らが自ら早良《さわら》・種継《たねつぐ》（南家）らとの対立に関する記事を削除した。
②平城《へいせい》と種継の子の薬子《くすこ》らが削除分を復活した。
③嵯峨が再び桓武と同じように削除した。

ということであり、血に塗れた王朝交替劇（内ゲバ）の凄さを物語っている。

八〇六　八月、僧空海帰朝して真言宗を伝え、東寺真言五祖像を請来する。

（注）空海が、長安の唐僧恵果《けいか》から授けられて持ち帰った密教の「曼荼羅《まんだら》」は、大日如来の教義を「絵によって伝える」というインド人の風習そのものであった。それは、字の読めない庶民にも伝えることができるという利点もあるが、真の目的は仏典（文字）による「顕教《けんきょう》」で伝えることが不可能な「宇宙の真理」を目の前に展開して見せることであった。それは仏の慈悲であり、輪廻の「法則」であったろう。「曼荼羅」は、文字で書いた『聖書』や「経典」などでは教えることのできない、天なる神の「博愛・再生」の秘密を明かす「奥義」なのかもしれない。空海は、唐に渡って真言密教を受けたというが、そのとき、キリスト教ネストリウス派の教義「景教」を授かって、『聖書』をも取得していたといわれる。空海の「月輪観」とは、月神エホバ（ホバール＝バアル）のことであり、「阿字観」とは牛頭神バアルのことである。だとすると、キリスト教は仏教の仮面をかぶりながらすでに奈良時代の日本に入っていたことになる。『書紀』に記す聖徳太子の「厩戸《うまやど》皇子誕生」説話は、桓武焚書ののちに『記紀』が改竄される過程において、秦氏ら亡命ユダヤ人の手によって作成されたものであろう。

このように考えると、日本人のアイデンティティは古代の（あるいは今日の）ユダヤ人とよく似ていることになる。

参考文献（鹿島曻の著書以外のもの）

徐朝龍『長江文明の発見』（角川書店［角川選書］）

揚雄撰『蜀王本紀』（藝文印書館）

常璩撰／顧廣校『華陽国志』（商務印書館）

司馬遷／野口定男他訳『史記』（平凡社）

房玄齢等『晋書』（中華書局）

陳寿撰／長澤規矩也編『魏志』（汲古書院）

向象賢編述『中山世鑑』（沖縄県教育委員会）

明鄭舜功撰『日本一鑑』（出版不明）

岩生成一『日本の歴史14―鎖国』（中央公論社［中公文庫］）

吉田蒼生訳注『前野家文書（武功夜話）』（新人物往来社）

桃好裕著『出雲私史』（博広社出版部）

『雲陽軍實記』

雲田謙吉「出雲に於る鉢屋を語る」

E・H・ノーマン／大窪愿二訳『日本における近代国家の成立』（岩波書店）

『歴史と旅』98／5号（秋田書店）

『水戸日記』（平和書房）

竹崎嘉通「石見の鉢屋」

『塵塚物語』（近藤瓶城）

横地満治「隠岐と朝鮮との民族的思想の類似の二、三」

『銀山旧記』（生野町）

『李朝実録』（社會科学出版社）

『大内義隆記』（温故學會）

田村哲夫校訂『毛利元就軍記考証新裁軍記』（マツノ書店）

杉岡権之助就房『吉田物語』（村田峰次郎）

東京大学史料編纂所編『毛利家文書』（東京大学出版会）

厚田村（北海道厚田郡）『佐々木家文書』（厚田村史料室）

香川宣阿『陰徳太平記』（早稲田大学出版部）

末松謙澄『防長回天史』（柏書房）

島根県編『島根県史―八』（名著出版）

倉光清六「出雲地方の鉢屋」

村井章介『中世倭人伝』（岩波書店）

下関文書館編『長府名勝旧宅址記』（下関文書館）
藤本篤『歴史読本―藩主総覧』（新人物往来社）
日本史籍協会編『中山忠能日記』（東京大学出版会）
小西四郎『日本の歴史19―開国と攘夷』（中央公論社［中公文庫］）
古川薫『暗殺の森』（講談社）
猪瀬直樹『ミカドの肖像』（小学館）
高松宮宣仁親王／細川護貞他編『高松宮日記』（中央公論社）
黒板勝美『日本書紀』（吉川弘文館）
『岩波講座　日本歴史古代・中世・近世』（岩波書店）
相賀徹夫『原色百科事典』（小学館）
吉田祥朔『近世防長人名辞典』（マツノ書店）
桑田忠親『戦国史事典』（秋田書店）
布引敏雄『長州藩部落解放史研究』（三一書房）
三坂圭治『月性の研究』（マツノ書店）
広瀬豊『吉田松陰の研究』（至文堂）
岡不可止『松下村塾の指導者』（文芸春秋社）
福本義亮『松陰先生交友録』（マツノ書店）
田中俊資『吉田松陰』（松陰神社維持会）
横山健堂『高杉晋作』（東行庵）
山口県教育会『村田清風全集』（マツノ書店）
松本二郎『萩の乱』（マツノ書店）
末松謙澄『孝子伊藤公』（マツノ書店）
中原邦平『伊藤公実録』（マツノ書店）
田中彰『奇兵隊日記』（マツノ書店）
渡辺茂雄『明治天皇』（時事通信社）
中野幡能『八幡信仰』（塙新書）
稲葉稔『大村益次郎』（ＰＨＰ研究所）
松林史郎『反骨の系譜』（葦書房）
小和田哲男『戦国武将』（実業之日本社）
角井菊雄『征長の役安芸口戦』（近代文芸社）
市史編纂委員会『柳井の維新史』（柳井市）
島田昇平『長州物語』（下関市島田昇平）
上杉久吉『人物風景』（毒鼓社出版社）
上杉久吉『周防時代の国木田独歩』（世論月報社）
八切止夫『明治意外史』（日本シェル社）
一坂太郎『写真集奇兵隊』（奇兵隊士研究所）
中尾定市『伊藤博文公と梅子夫人』（亀山八幡宮社務所）

西村武正『益田氏と須佐』（須佐町教育委員会）
古川薫『長州奇兵隊』（創元社）
古川薫『元就と戦国武将たち』（ＰＨＰ研究所）
山口県文書館『防長風土注進案』（山口県立山口図書館）
山口県文書館『防長寺社由来』（山口県立山口図書館）
末松謙澄『防長回天史』（マツノ書房）
全日本仏教会『全国寺院名鑑』（寺院名鑑発行事務局）
下中邦彦『山口県の地名』（平凡社）
角川春樹『角川地名大辞典』（角川書店）
小野忠凞『山口県の考古学』（吉川弘文館）
森浩一編『日本の古代』（中央公論社）
三坂圭治『周防国府の研究』（書肆積文館）
文化史編纂委員会『山口県文化史』（山口県文書館）
市史編纂委員会『岩国市史』（岩国市）
市史編纂委員会『柳井市史』（柳井市）
町史編纂委員会『田布施町史』（田布施町）
町史編纂委員会『平生町史』（平生町）
町史編纂委員会『周東町史』（周東町）
町史編纂委員会『美和町史』（美和町）
町史編纂委員会『大島町史』（大島町）
町史編纂委員会『大和町史』（大和町）
広瀬喜運『玖珂郡志』（マツノ書房）
宮田伊津美『享保増補村記』（岩国徴古館）
藤重俊男『古村記』（岩国徴古館）
近藤清石『大内市実録』（マツノ書房）
渡辺世祐『毛利元就卿伝』（マツノ書房）
河野通毅『大内村誌』（大内公民館）
中原邦平『井上伯伝』（マツノ書房）
日本史籍協会『水戸孝允日記』（マツノ書房）
日本史籍協会『押小路甫子日記』（東京大学出版会）
石井恭二『梅松論』（現代思潮社）
山地悠一郎『護良親王の伝説』（近藤出版社）
来栖守衛『松陰先生と吉田稔麿』（マツノ書房）
瀬川秀雄『吉川元春』（マツノ書房）
三坂圭治『吉敷村史』（マツノ書房）
御薗生翁甫『右田村史』（マツノ書房）
渡辺翁記念文化協会『福原家文書』（宇部市立図書

館）
三輪義熙ほか『神皇紀』（日本国書刊行会）
アーネスト・サトウ『一外交官の見た明治維新』（岩波書店）
A・F・Vヒューブナー『オーストリア外交官の明治維新』（新人物往来社）
R・ヴェルナー『エルベ号艦長幕末記』（新人物往来社）
井上秀雄『古代朝鮮』（NHKブックス）
上田正昭『古代からの視点』（PHP研究所）
国坂勝美『吾妻鏡』（吉川弘文館）
佐々木信綱『新訓万葉集』（岩波書店）

鹿島曻（かしま のぼる）の紹介

一九二六年、横浜市に生まれる。
一九四九年、司法試験に合格。
一九五〇年、早稲田大学法学部卒業。東京弁護士会に所属。
二〇〇一年、死去。

著書 『垣壇古記』『北倭記』『史記解』『垣壇古記要義』『北倭記要義』『符都誌要義』『倭と王朝』『倭と辰国』『日本ユダヤ王朝の謎（正・続）』『邪馬壱国興亡史』『日本王朝興亡史』『日本侵略興亡史』『歴史』『国史正義』『昭和天皇の謎』『裏切られた三人の天皇』『倭と日本建国史』（以上、新国民社）『日本神道の謎』（光文社）

共著 『シルクロードの倭人―秀真伝』『古史古伝大系』『神道理論体系』『日本列島史抹殺の謎』『倭人大航海の謎』（新国民社）

訳書 『バンチェン／倭人のルーツ』（新国民社）

本書には一部、現代の基準に照らすと不適切な表現も含まれていますが、鹿島曻の主張や業績をそのままお伝えするためにあえて削除・修正しなかったことをお断りしておきます。（編集部）

〈著者紹介〉

松重 楊江（まつしげ ようこう）

1925年、山口県に生まれる。

1942年、山口県立柳井商業学校卒業。

1968年、柳井市にて松重商事㈲設立。代表取締役に。

2001年、㈱松重として改組。代表取締役会長として現在に至る。

元柳井市市会議員。山口県史学会会員。

著書に『明治維新の生贄』（鹿島曻と共著、新国民社）『教科書には絶対書かれない古代史の真相』（共著）、『検証！捏造の日本史』、『二人で一人の明治天皇』（以上、たま出版）他。

編集協力：情報ネットワークINFACT（http://www.infact-j.com/）
INFACTでは松重楊江監修書・著書の『真事実の明治維新史年表』、『百済王家と天皇家を結ぶ「石城山城」の謎』等を発行しています。

日本史のタブーに挑んだ男

2003年 11月 15日　初版第1刷発行
2010年 3月 10日　初版第4刷発行

著　者　松重 楊江
発行者　韮澤 潤一郎
発行所　株式会社 たま出版
〒160-0004　東京都新宿区四谷4-28-20
☎03-5369-3051（代表）
http://tamabook.com
振替　00130-5-94804
印刷所　東洋経済印刷株式会社

ISBN978-4-8127-0167-6 C0021